Moderner Kirchenbau in der Schweiz

T V Z

Johannes Stückelberger (Hg.)

Moderner Kirchenbau in der Schweiz

TVZ
Theologischer Verlag Zürich

Publiziert mit freundlicher Unterstützung der Sponsoren des Schweizer Kirchenbautags 2019: Bundesamt für Kultur, Katholisch Stadt Zürich, Reformierte Kirche Aargau, Inländische Mission, Römisch-Katholische Zentralkonferenz der Schweiz.

Der Theologische Verlag Zürich wird vom Bundesamt für Kultur für die Jahre 2021–2024 unterstützt.

Bibliografische Informationen der Deutschen Nationalbibliothek
Die Deutsche Nationalbibliothek verzeichnet diese Publikation in der Deutschen Nationalbibliografie; detaillierte bibliografische Daten sind im Internet über http://dnb.dnb.de abrufbar.

Umschlagbild
Schaffhausen, St. Konrad, 1969–1971, Walter Maria Förderer, Innenraum
Foto: Oswald Ruppen

Umschlaggestaltung
Simone Ackermann, Zürich

Satz und Layout
Claudia Wild, Konstanz

Druck
CPI books GmbH, Leck

ISBN 978-3-290-18410-0 (Print)
ISBN 978-3-290-18411-7 (E-Book: PDF)
© 2022 Theologischer Verlag Zürich
www.tvz-verlag.ch

Alle Rechte, auch die des auszugsweisen Nachdrucks, der fotografischen und audiovisuellen Wiedergabe, der elektronischen Erfassung sowie der Übersetzung, bleiben vorbehalten.

Inhalt

Johannes Stückelberger
Vorwort 7

Anke Köth
Alltag und Atmosphäre. Zum Kirchenbau nach 1950 10

Johannes Stückelberger
Bilderlosigkeit und Bilder. Zur künstlerischen Ausstattung
moderner Kirchen 25

Urban Fink
Liturgie- und Gemeindeverständnis im modernen
katholischen Kirchenbau 43

Katrin Kusmierz
Gestalt gewordene Theologie im modernen
reformierten Kirchenbau 61

Matthias Walter
Moderne Kirchtürme. Glockenlärmproblematik
und neue Lösungsansätze 75

Michael Meyer
Objektivierung und Reduktion. Zum Orgelbau der 1950er-
bis 1970er-Jahre 88

Johannes Stückelberger
Kirchgemeindezentren – und was spätere Generationen
daraus machen 106

Bernhard Furrer
Denkmalpflegerischer Umgang mit Kirchen der Nachkriegszeit 121

Uwe Buschmaas, Irmelin Drüner, Pascal Eng, Matthias Wenk,
Johannes Stückelberger
Potenziale moderner Kirchen aus Sicht der Nutzerinnen und Nutzer ... 142

Autorinnen und Autoren 153
Abbildungsnachweise 154

Vorwort

Johannes Stückelberger

Das vorliegende Buch hat den modernen Kirchenbau in der Schweiz zum Gegenstand, wobei sich der Begriff «modern» hier auf die Zeit nach 1950 bezieht. Infolge des starken Bevölkerungswachstums sowie einer zunehmend konfessionellen Durchmischung gab es in der Nachkriegszeit einen grossen Bedarf an neuen Kirchen. Um die tausend römisch-katholische und evangelisch-reformierte Kirchen, Kapellen und Klöster wurden in der Schweiz in der zweiten Hälfte des 20. Jahrhunderts errichtet. Die Bauten zeichnen sich durch eine grosse Vielfalt bezüglich Raumgestaltung, Formgebung, Materialisierung und Ausstattung aus. Viele von ihnen sind bedeutende Zeugnisse der modernen Architektur, gleichzeitig sind sie Zeugnisse einer Kirche, die sich im Aufbruch befand und ein neues Verständnis von Gemeinde entwickelte.

Kirchenbauten entstehen im Dialog zwischen den Kirchgemeinden und Pfarreien als Auftraggeberinnen auf der einen Seite und den Architektinnen und Architekten sowie Künstlerinnen und Künstlern als Gestalterinnen und Gestaltern auf der anderen Seite. Die vorliegende Publikation richtet einen Blick auf beide Seiten, indem sie zum einen nach dem kirchlichen Selbstverständnis fragt, das dem modernen Kirchenbau zugrunde liegt, zum andern nach den architektonischen und künstlerischen Lösungen, die für die neuen Bedürfnisse und das neue Selbstverständnis der Pfarreien und Kirchgemeinden gefunden wurden. Ausgehend von dieser doppelten Fragestellung diskutieren die Beiträge den modernen Kirchenbau aus verschiedenen Perspektiven, namentlich aus den Perspektiven der Architekturgeschichte, der Kunstgeschichte, der katholischen und reformierten Theologie, der Glockenkunde, der Orgelbauwissenschaft, der Sanierungspraxis, der Denkmalpflege sowie der gegenwärtigen Nutzerinnen und Nutzer. Entsprechend sind die Autorinnen und Autoren Fachleute aus den Bereichen Architektur- und Kunstgeschichte, katholische und reformierte Theologie, Denkmalpflege, Glockenkunde und Orgelbauwissenschaft.

Dem Thema des Buchs kommt eine hohe Relevanz zu. Moderne Kirchen spalten bis heute die Geister. Sie haben ihre Liebhaberinnen und Liebhaber, aber auch ihre Gegnerinnen und Gegner. Die einen schätzen die Modernität und «Profanität», den andern fehlen Traditionalität und Sakralität. Die Faszination und die Irritation, die moderne Kirchen auslösen, spiegeln sich in Namen wie «Seelensilo», «Sprungschanze Gottes» oder «Gnadenfabrik», die der Volksmund für einzelne von ihnen gefunden hat. Bei vielen der Kirchen stehen heute erste grössere Sanierungen an, die, je nach Verständnis und Akzeptanz, unterschiedlich ausfallen. Auch ist zu beobachten, dass im Zusammenhang mit der Umnutzungsthematik moderne Kirchen besonders oft in den Fokus geraten, unter anderem auch deshalb, weil etliche der Bauten noch nicht unter Schutz stehen, wobei zu sagen ist, dass nicht alle modernen Kirchen schützenswert sind. Angesichts dieser und weiterer Problemstellungen ist es angezeigt, dass man heute dem modernen Kirchenbau eine verstärkte Aufmerksamkeit schenkt und sich um eine fundierte Kenntnis seiner Eigenheiten und Qualitäten bemüht.

Die Beiträge der Publikation sind die überarbeiteten Vorträge, die die Autorinnen und Autoren anlässlich des dritten Schweizer Kirchenbautags am 30. August 2019 in Bern gehalten haben. Der Schweizer Kirchenbautag, der seit 2015 im Zweijahresrhythmus stattfindet, verfolgt als generelles Ziel den Austausch zwischen Vertreterinnen und Vertretern der Kirchen, der Denkmalpflege, der Universitäten und der Öffentlichkeit zu aktuellen Fragen des Kirchenbaus. Die beiden ersten Kirchenbautage waren dem Thema «Kirchenumnutzungen» gewidmet, der dritte dem Thema «Moderner Kirchenbau» und der vierte dem Thema «Flexible Kirchenräume». Analog zum Adressatenkreis der Kirchenbautage richtet sich auch dieses Buch an Personen, die von Amtes wegen mit modernen Kirchen befasst sind oder aus anderen Gründen sich für sie interessieren: Pfarrerinnen und Pfarrer, Bauverantwortliche und Mitarbeitende in den Pfarreien und Kirchgemeinden, Denkmalpflegerinnen und Denkmalpfleger, Bauberaterinnen und Bauberater, politische Verantwortungsträgerinnen und -träger, Forschende sowie Interessierte.

Der moderne Kirchenbau in der Schweiz ist bislang relativ schlecht erforscht. Zu einzelnen Bauten gibt es Kunstführer, ein paar Artikel finden sich in den von den kantonalen Ämtern für Denkmalpflege herausgegebenen Schriften. Erwähnung finden sie auch in Publikationen zur modernen Architektur oder spezifischer zum Kirchenbau einer Stadt oder Region. Und schliesslich werden sie in den Monographien einiger Architekten thematisiert. Im Unterschied zu diesen Schriften, die wertvolle Einblicke in einzelne Bauten geben – in der Regel aus einer architekturhistorischen Perspektive –, versucht die vorliegende Publikation den modernen Kirchenbau mit Blick auf allgemeine Tendenzen sowie aus einer multidisziplinären Perspektive zu diskutieren, was nur exemplarisch geschehen kann. Viele Aspekte und durchaus wichtige Beispiele müssen dabei unerwähnt bleiben. Die einzelnen Aufsätze folgen in ihrer Länge und ihrem Aufbau dem Duktus eines zwanzig bis dreissig Minuten langen Vortrags. Die Abbildungen stehen in Beziehung zu den Aufsätzen, auch sie zeigen eine Auswahl.

Einen annähernd vollständigen Überblick über den modernen Kirchenbau in der Schweiz bietet hingegen die «Datenbank Moderner Kirchenbau», die auf der Webseite des Schweizer Kirchenbautags öffentlich zugänglich ist und diese Publikation ergänzt (www.schweizerkirchenbautag.unibe.ch). Mit mehr als tausend Einträgen erfasst sie alle römisch-katholischen und evangelisch-reformierten Kirchen, Kapellen und Klöster, die seit 1950 bis heute in der Schweiz gebaut wurden. Dazu kommt eine Auswahl von architektonisch bedeutenden Kapellen kleinerer religiöser Gemeinschaften. Zu jedem Bau finden sich in der Datenbank die folgenden Angaben: Ort, Name, Baujahr, Konfession, Bautypus, Adresse, Architekt und Koordinaten. Links zu Swisstopo und Google Maps erlauben eine schnelle Lokalisierung, und Fotos vermitteln einen optischen Eindruck. Der Benutzerin, dem Benutzer bieten sich sechs Abfragemöglichkeiten: nach Orten alphabetisch, nach Orten nach Kanton, nach Baujahr, nach Konfession und Bautypus, nach Architekt sowie nach Standort auf einer Karte. Dank der verschiedenen Abfragemöglichkeiten liefert die Datenbank – über die Daten zu den einzelnen Kirchen hinaus – zahlreiche Informationen, die für die Denkmalpflege, die Kirchgemeinden, Pfarreien und die Forschung von Nutzen sind. Sie gibt Antworten unter anderem auf die Frage nach der Anzahl und Lokalisierung moderner Kirchen in einer bestimmten Region, die Nutzerin, der Nutzer erfährt auf einen Blick, wie viele und welche Kirchen diese Architektin oder jener Architekt gebaut hat, sie zeigt uns, wo es in der Schweiz ökumenische Zentren gibt, wo in jüngster Zeit noch neue Kirchen gebaut wurden und vieles mehr.

Der Schweizer Kirchenbautag und die damit verbundenen Forschungsarbeiten und Publikationen werden ausschliesslich durch Drittmittel finanziert. Den dritten Kirchenbautag und damit auch die Erstellung der «Datenbank Moderner Kirchenbau» und die vorliegende Publikation haben mit namhaften Zuwendungen unterstützt: Bundesamt für Kultur, Katholisch Stadt Zürich, Reformierte Kirche Aargau, Inländische Mission, Römisch-Katholische Zentralkonferenz der Schweiz. Für die Unterstützung danke ich im Namen des Schweizer Kirchenbautags herzlich. Ein Dank geht auch an das Kompetenzzentrum Liturgik an der Theologischen Fakultät der Universität Bern, an das der Schweizer Kirchenbautag organisatorisch angegliedert ist. Danke auch den Masterstudierenden der Kunstgeschichte der Universität Basel, die im Rahmen eines Forschungsprojekts an der «Datenbank Moderner Kirchenbau» mitgearbeitet haben. Und schliesslich danke ich den Autorinnen und Autoren für ihre Beiträge sowie dem Theologischen Verlag Zürich für die Betreuung und Herausgabe der Publikation.

Alltag und Atmosphäre. Zum Kirchenbau nach 1950

Anke Köth

Der Kirchenbau nach 1950 steht in einer jahrhundertealten Tradition, und doch ist mit der Moderne vieles anders geworden. Die Rolle der Kirche in der modernen Gesellschaft wird neu diskutiert und die dabei gefundenen Lösungen bestimmen ihre Architektur. Mitunter benötigen Veränderungen Zeit, bis sie sich durchsetzen. So werden in der katholischen Kirche architektonische Forderungen der Liturgischen Bewegung vom Anfang des 20. Jahrhunderts – etwa die Forderung nach einem Einheitsraum ohne abgetrenntem Altarbereich – erst nach dem Zweiten Vatikanum (1962–1965) offiziell umgesetzt und die Moderne als Bauweise akzeptiert. Vier den Kirchenbau nach 1950 prägende Themen, teils Formen, teils Leitgedanken, sollen im Folgenden präsentiert werden: Zelt, Skulptur, Alltag und Atmosphäre.

Welche Formen für die Kirchengebäude ab 1950 gefunden werden, wird hier, wenn auch nicht ausschliesslich, an Beispielen aus dem Kanton Aargau diskutiert. Dieser Kanton erlebt in jener Zeit eine grosse Kirchenbautätigkeit. Infolge der Arbeitsmigration wachsen die Städte und Ortschaften, und die zuvor konfessionell getrennte Bevölkerung mischt sich. Neue Kirchen werden für neu entstehende Wohngebiete und für Diasporagemeinden benötigt.[1]

Zelt

Beim Versuch, für den Kirchenbau neue symbolische Formen zu finden, werden zwischen 1950 und 1980 besonders die Bilder der Arche und des Zelts bedeutsam.[2] Den beiden Bildern liegt eine theologische Symbolik zugrunde. Das Bild der Arche erinnert an die Arche Noah, das Bild des Zelts knüpft an die alttestamentarische Stiftshütte an sowie an die im Hebräerbrief formulierte Idee des «auf Erden wandernden Gottesvolkes» bzw. der «ecclesia peregrinans», der pilgernden Kirche. Das Transitorische, aber auch die Einfachheit eines Zelts, prägt zum Beispiel die «Notkirchen», die unmittelbar nach dem Zweiten Weltkrieg, etwa vom Archi-

---

1 Der Aufsatz basiert in grossen Teilen auf zwei Artikeln zum Kirchenbau im Aargau: Anke Köth, «Neue Kirchen für eine neue Zeit. Christlicher Sakralbau im 20. Jahrhundert im Aargau. Teil 1: 1900–1950», in: *Argovia*, 123, 2011, 8–47; Anke Köth, «Kirche zwischen Feier und Alltag. Christlicher Sakralbau im 20. Jahrhundert im Aargau. Teil 2: ab 1950», in: *Argovia*, 124, 2012, 8–44.
2 Vgl. hierzu Kerstin Wittmann-Englert, *Zelt, Schiff und Wohnung. Kirchenbauten der Nachkriegsmoderne*, Lindenberg im Allgäu: Kunstverlag Josef Fink, 2006.

Abb. 1: Lupfig, St. Paulus, 1965, Josef Wernle und Firma Horta AG, Zürich

tekten Otto Bartning, in vielen kriegszerstörten deutschen Städten verwirklicht wurden. Einfache Holzkonstruktionen, die optisch an ein Zelt erinnern, werden nach 1950 auch in der Schweiz errichtet, etwa wenn das Geld für einen aufwendigen Kirchenbau (noch) nicht vorhanden ist. Ein Beispiel dafür ist die römisch-katholische Kirche St. Paulus in Lupfig, erbaut 1965 von Josef Wernle und der Firma Horta AG, Zürich (Abb. 1). Das Zelt ist jedoch explizit nicht nur als bauliches Provisorium, sondern als ein theologisches Thema wichtig und findet sich auch bei grösseren, keineswegs als Übergangsprojekten gedachten Bauten wie dem folgenden Beispiel. Baulich wird die Zeltform für grosse Bauten möglich dank neuer, weitspannender Tragwerkskonstruktionen.

Die reformierte Kirche in Hunzenschwil wurde 1959–1960 vom Architekturbüro Zschokke & Riklin errichtet (Abb. 2 und 3). Der Bau ist ein typisches Beispiel für die Architektur der 1950er-Jahre mit seiner pavillonhaften Anlage aus einzelnen, miteinander verbundenen Baukörpern, der zurückhaltenden Architektursprache und der Verbindung von Aussen- und Innenraum. Ausserdem wird hier eines der zentralen Themen des reformierten Kirchenbaus der ersten Jahrzehnte des 20. Jahrhunderts zeitgenössisch umgesetzt: das Thema der Verbindung von Kirche und Kirchgemeindehaus.

Abb. 2: Hunzenschwil, Reformierte Kirche, 1959–1960, Zschokke & Riklin

Der Bau ist von der Strasse leicht zurückgesetzt und durch einen Grünbereich optisch und akustisch von dieser getrennt. Der Zugang führt von der Strasse unter der torhaften Betonkonstruktion des Kirchturms hindurch auf einen Vorplatz, der von Kirche und Kirchgemeindehaus eingefasst wird. Die kleine, siebeneckige Kirche steht mit einer Ecke zum Hof und wird über zwei Eingänge symmetrisch erschlossen. Der Kirchenraum ist von einem Zeltdach aus Holzbindern überspannt. Genau unter dem zentralen Knoten der Binder befindet sich der Abendmahlstisch. Zwischen die Binder sind im unteren Bereich verputzte Scheiben gestellt und ein Band aus Buntglasfenstern in Betonfassung eingefügt. Die Einfachheit und die Bescheidenheit des Baus korrespondieren mit der Symbolik des Zelts.

Skulptur

Ein zweites Thema, das in der Nachkriegsmoderne insbesondere im katholischen Bereich an Bedeutung gewinnt, ist die Interpretation des Sakralbaus als Skulptur und Kunstwerk. Die expressive Gestaltung fasziniert die Architekten, zusätzlich lassen sich die Bauten symbolisch und theologisch mit Bedeutung versehen. Der

Alltag und Atmosphäre. Zum Kirchenbau nach 1950 **13**

Abb. 3: Hunzenschwil, Reformierte Kirche, 1959–1960, Zschokke & Riklin

prägendste Bau für diese Haltung, ein Schlüsselbau für die Architektur der Zeit generell, ist die römisch-katholische Wallfahrtskirche Notre-Dame-du-Haut von Le Corbusier in Ronchamp (Frankreich) aus den Jahren 1953–1955. Der Bau trifft in vielerlei Hinsicht den Nerv der Zeit: Auf der Suche nach einer neuen symbolischen Aufladung bietet er sich als Projektionsfläche für Assoziationen an – nicht zuletzt als bergende Arche – und ermöglicht individuelle und wechselnde Interpretationen. Die Kirche, ein expressiv gestalteter Bau mit schwerem Sichtbetondach und dramatischer Lichtführung, wird nicht erst retrospektiv als Meilenstein der Kirchenarchitektur gewertet, sondern bereits von den Zeitgenossinnen und Zeitgenossen als solcher erkannt. Hermann Baur, einer der wichtigsten Schweizer Kirchenarchitekten des 20. Jahrhunderts, schreibt 1957 in der Architekturzeitschrift «Das Werk»:

«Ronchamp bedeutet durch seine künstlerische Kraft zweifellos einen neuen Markstein auf dem steilen und steinigen Weg zu einer neuen kirchlichen Architektur. Sie hat auch jene, die ein wenig abseits der großen Straße an ihrer Erneuerung aus dem Geiste der neueren Architektur und einer neuen religiösen und liturgischen Gesinnung innerhalb der Kirche selbst gearbeitet haben, mächtig angeregt und irgendwie befreit. Ich wage ruhig, vom Beginn einer zweiten Epoche auf diesem Weg zu sprechen. Diese Wirkung geht vor allem von der starken künstleri-

Abb. 4: Buchs AG, St. Johannes Evangelist, 1965–1967, Hanns A. Brütsch

schen, plastischen Kraft aus, die mit großer Freiheit all das (auch notwendige) rationale Überlegen und Prüfen weit hinter sich lässt».[3]

Die Wirkung von Ronchamp lässt sich auch in den über 30 Kirchen feststellen, die in den 1960er-Jahren im Kanton Aargau gebaut wurden, darunter viele in *beton brut*. Für etliche der Bauten konnten Architekten von nationaler Bedeutung gewonnen werden wie etwa Hermann Baur, Justus Dahinden, Hanns A. Brütsch, Leo Cron. Stellvertretend sei hier ein Bau von Hanns A. Brütsch beschrieben, die römisch-katholische Pfarrkirche St. Johannes Evangelist in Buchs AG aus den Jahren 1965–1967, eine von insgesamt sechs Kirchen und Kapellen, die der Architekt in den 1960er-Jahren im Aargau errichtet hat (Abb. 4 und 5).

Dieser Sichtbetonbau gehört zum Typus der Kirchgemeindezentren mit integriertem Pfarreisaal und Pfarrhaus. Das von Weitem sichtbare, markanteste Merkmal der Kirche ist deren Turm, bestehend aus einem Bündel aus Betonstäben unterschiedlicher Höhe. Der Bau ist in der Bewegung des Betrachtenden gedacht und nur so erfassbar. Die Besucherin, der Besucher werden vom Vorplatz aus

---

3 Hermann Baur, «Ronchamp und die neuere kirchliche Architektur», in: *Das Werk*, 44, 1957, Heft 6, 187–189, hier 187.

Abb. 5: Buchs AG, St. Johannes Evangelist, 1965–1967, Hanns A. Brütsch

unter einem schweren, mit sägerohem Holz verschalten Vordach hindurch in einen niedrigen Eingangsbereich geführt, von dem aus sich der Raum zum Altarbereich hin weitet und an Höhe gewinnt. Überhöht wird die expressive Raumgestaltung durch eine gezielt eingesetzte Lichtregie, die den Raum in ein mystisches Dunkel taucht und bewusste Lichtpunkte setzt: Oberlichter, die den Altarbereich wie Scheinwerfer erhellen, eine schmale Lichtfuge zwischen Wand und Decke sowie ein schmales seitliches Fenster, das die Altarrückwand mit Streiflicht versieht. Diese Raumgestaltung ist typisch für die Kirchen von Brütsch. Für die plastisch-skulpturale Gestaltung des Raums ist auch die Materialwahl charakteristisch: Beton mit Schalungsspuren, sägerohe, dunkel gebeizte Bretterverschalung sowie schwarzes Bitumen für den Boden. Brütsch entwickelte die Formfindung häufig in Zusammenarbeit mit Kunstschaffenden. Von Anfang an war in Buchs

Abb. 6: Hérémence, St-Nicolas, 1967–1971, Walter Maria Förderer

der Bildhauer Josef Rickenbacher in die Gestaltung des Innenraums und der Lichtführung eingebunden. Zelebrationsaltar, Kanzel, Tabernakel und Taufstein schuf ebenfalls Josef Rickenbacher, die Wandmalereien stammen von Willi Helbling. Die Skulpturalität und Expressivität stehen in Buchs im Dienst einer liturgischen und theologischen Interpretation des Raums. Wer die Kirche betritt, dessen Blick wird zum hell erleuchteten liturgischen Bereich gelenkt. Der Tabernakel befindet sich rechts neben dem Altarbereich unter dem Kirchturm, der folglich nach aussen das Zentrum der Kirche markiert, auf das alles hinstrebt. Hermann Baurs in Bezug auf Ronchamp beschriebene «künstlerische, plastische Kraft» bekommt in Buchs auch eine theologische Bedeutung.

Noch deutlicher wird die Bedeutung der «künstlerischen, plastischen Kraft» bei den Bauten des Architekten und Bildhauers Walter Maria Förderer. Da es im

Alltag und Atmosphäre. Zum Kirchenbau nach 1950   17

Abb. 7: Walter Maria Förderer, Skizze zur Kirche St-Nicolas
in Hérémence, 1969

Aargau keine Kirche von ihm gibt, sei hier als Beispiel die römisch-katholische
Pfarrkirche St-Nicolas in Hérémence im Wallis genannt, ein Bau von 1971
(Abb. 6). Förderer verstand seine Bauten als Zentren der Gesellschaft. Der Bau in
Hérémence dient als Kirche, gemäss einer Skizze des Architekten von 1969 könnte
er jedoch auch ein «Touristenzentrum» sein – die konkrete Nutzung scheint Förderer weniger wichtig zu sein als die Zentrumsfunktion (Abb. 7). In seinem Aufsatz «Zentren politischer Urbanität. Gottesdienst und Kirchenbau in der demokratischen Ära» von 1968 beschreibt er seine Auffassung von zeitgenössischem
Kirchenbau: «[...] wenn überhaupt noch Kirchen gebaut werden sollen, müssten
sie Orte der Auseinandersetzung sein, also mehr als nur Orte gelenkter Meditation
und rezeptiver Andacht. [...] sondern Orte der Realität inmitten anderer Realitäten; Orte einer Feierlichkeit, die Faktor bleibt im prozessualen Geschehen, nicht

Abb. 8: Schöftland, Heilige Familie, 1979–1980, Walter Moser

ein darüber Erhabenes, ‹Enthobenes›.»[4] Dass Förderer für Orte der Feierlichkeit plädiert, korrespondiert mit seiner Faszination für expressive Ausdrucksweisen und skulptural gestaltete Räume. Überraschend ist, dass er trotz seiner Architektursprache keine erhabenen Räume sucht, sondern eine Einbindung seiner Räume in den Alltag.

Alltag

Die Einbindung der Kirche in den Alltag – wiederum ein theologisches Thema – ist eine weit verbreitete Forderung, die in der Regel zu wesentlich anders gestalteten Bauten als den Bauskulpturen von Förderer führte. 1968 veröffentlichte der Theologe Hans-Eckehard Bahr unter dem Titel «Kirchen in nachsakraler Zeit» einen Sammelband mit Aufsätzen (unter anderem dem soeben zitierten von Förderer),

---

4 Walter M. Förderer, «Zentren politischer Urbanität. Gottesdienst und Kirchenbau in der demokratischen Ära», in: Hans-Eckehard Bahr (Hg.), *Kirchen in nachsakraler Zeit (Konkretionen – Beiträge zur Lehre von der handelnden Kirche 2)*, Hamburg: Furche-Verlag, 1968, 114–131, hier 123–124.

Abb. 9: Magden, Reformiertes Kirchgemeindehaus Gässli, 1976–1977, Curt Peter Blumer

die äusserst ergiebig sind für das Verständnis der theologischen Diskussionen jener Zeit. «Nachsakral» wird im Buch definiert als die Zeit nach der Reformation, in der die Trennung zwischen sakraler und profaner Sphäre aufgehoben ist; fokussiert wird in der Publikation jedoch auf die eigene Gegenwart. Werner Simpfendörfer, stellvertretender Direktor der Evangelischen Akademie in Bad Boll (Deutschland), setzt sich in seinem Aufsatz konkret damit auseinander, was Kirchenbau in der nachsakralen Zeit bedeuten könnte:

«Dezentralisation nach unten. Je kleiner die Verantwortungsräume, desto dezentralisierter müsste das Raumprogramm der Kirche sein – in der letzten Konsequenz: die Verkleinerung der Räume bis in die Wohnung hinein. [...] Wo aber Dezentralisation nötig ist, erhebt sich die Forderung nach dem Provisorium und zwar sowohl im Sinne der baulich ablösbaren Zwischenlösung als auch im Sinne

Abb. 10: Schinznach-Dorf, St. Franziskus, 1993–1994, Andreas Graf und Antti Rüegg

der inneren Mobilität der Räume. Unter der inneren Mobilität der Räume verstehe ich, dass man einen Raum so bauen sollte, dass er ohne viel Umstände für verschiedenste Zwecke gebraucht werden kann. [...] Das Provisorium wird gefordert, weil die mobile Gemeinde gefordert wird».[5]

Zwei der in diesem Zitat angesprochenen Themen werden für den Kirchenbau der 1970er- und 1980er-Jahren prägend: Das Thema der multifunktionalen Räume, mit Simpfendörfers Worten die «innere Mobilität der Räume», und das Thema der Wohnung. Zur Illustration dieser Konzepte von Kirchenbau dienen wieder zwei Beispiele aus dem Aargau, ein katholisches und ein reformiertes.

Die 1980 von Walter Moser errichtete römisch-katholische Pfarrkirche Heilige Familie in Schöftland ist ein Beispiel für den in jenen Jahren vielfach gebauten Typus des Kirchgemeindezentrums mit multifunktionalem Saal (Abb. 8). Multifunktionalität heisst in diesem Fall, dass der einzige grosse Saal sowohl als Gottesdienstraum als auch als Gemeindesaal dient. Auf der einen Seite des L-förmigen Raums befindet sich der liturgische Bereich mit Altar, Ambo und Tabernakel, auf der anderen Seite eine Bühne. Mit flexiblen Trennwänden lässt sich der Raum in

---

5 Werner Simpfendörfer, «Profanität und Provisorium. Thesen zum Kirchenbau», in: Bahr (Hg.) 1968 (Anm. 4), 106–113, hier 112–113.

Abb. 11: Schinznach-Dorf, St. Franziskus, 1993–1994, Andreas Graf und Antti Rüegg

unterschiedlich grosse Raumkompartimente unterteilen. Grundsätzlich wird die Lösung mit multifunktionalen Räumen etwas mehr und auch bereits etwas früher im reformierten Kirchenbau angewandt, was wohl in einem anderen theologischen Kirchen- bzw. Sakralverständnis begründet ist. Das hier vorgestellte katholische Beispiel belegt die Faszination dieser Idee für die 1970er- und 1980er-Jahre insgesamt. Glasfenster verleihen dem liturgischen Bereich zwar eine leicht sakrale Atmosphäre, jedoch bleibt der Raum von den stimmungsvollen Räumen der skulpturalen Bauten der 1960er-Jahre weit entfernt. Dies liegt auch daran, dass ein flexibler Raum ausgesprochen schwierig zu entwerfen ist, da Raumproportionen und Anforderungen sich ändern.

Das zweite Beispiel soll das von Simpfendörfer genannte Thema der Wohnung illustrieren, im Sinne Förderers die Verbindung mit dem Alltag, nichts «Enthobenes». Eine eher ungewöhnliche architektonische Umsetzung dieser Ideen findet sich in Magden. Das reformierte Kirchgemeindehaus von Curt Peter Blumer aus den Jahren 1976–1977 bildet eine Dorfstrasse, ein «Gässli» (Abb. 9). Die Funktionen der Gebäude – Kirchgemeindehaus mit Gottesdienstraum, Kindergarten und Pfarrhaus – sind von aussen nicht erkennbar, es könnte sich genauso gut um eine Wohnsiedlung handeln. Wie wörtlich das Thema Wohnen genommen wird, wird noch deutlicher bei den Innenräumen. Sowohl das Pfarrbüro als auch der Kirchensaal sind wohnlich mit viel hellem Holz, weiss verputzten Wänden und Holzmöbeln ausgestattet. Der Kirchensaal ist immerhin an seiner Grösse, der Raumhöhe, den Buntglasfenstern und dem Abendmahlstisch als solcher erkennbar. Von der Inszenierung historischer Kirchenbauten und auch den skulpturalen Kirchen der 1960er-Jahre wurde hier bewusst Abstand genommen.

Christoph Werner, ein weiterer Autor der zuvor erwähnten Publikation «Kirchen in nachsakraler Zeit», konstatiert 1971 «Das Ende des ‹Kirchen›-Baus». Er versteht darunter das Ende von Gebäuden für «kunstgeschichtliche Exkursionen», für raumatmosphärische Erlebnisse, wie man sie bei historischen, aber auch modernen Kirchen, Ronchamp ausdrücklich eingeschlossen, haben kann. Eine bauliche Alternative – zu der er sich nur vage äussert – könnte ein Bau wie das «Gässli» in Magden sein. «Ende des ‹Kirchen›-Baus» ist bei Werner metaphorisch gemeint, doch kommt der Kirchenbau in jenen Jahren tatsächlich an ein Ende. Nach dem Bauboom der 1960er-Jahre werden immer weniger Kirchen gebaut, und das Thema verschwindet auch aus den Architekturzeitschriften. Das letzte Themenheft, das die Zeitschrift «Das Werk» dem Kirchenbau widmet, erscheint 1971, das nächste erst wieder 2005.

Atmosphäre

Symptomatisch für die neue Situation, in der sich der Kirchenbau eine Generation nach dem Bauboom der Nachkriegszeit befindet, ist der Titel «Sakralbauten», unter dem das genannte Themenheft der Zeitschrift «Werk» von 2005 erscheint.[6] Bereits mit der Überschrift des Leitartikels «Sakralität und Kirchenbau» thematisiert Fabrizio Brentini, ein ausgewiesener Kenner des katholischen Kirchenbaus des 20. Jahrhunderts, die neue Fragestellung der Zeit.[7] Obwohl mit dem Begriff «sakral» ein theologischer Begriff verwendet wird, ist das neue Thema weniger von theologischer, als von architektonischer und philosophischer Seite geprägt. Gemeint ist nicht ein «sakraler» Raum im Gegensatz zu einem «profanen», sondern ein Raum mit «sakraler» Atmosphäre. Der Kontrast zu den kirchlichen Alltagsarchitekturen der 1970er-Jahre könnte kaum grösser sein.

Ein spürbares Interesse an haptischen Eindrücken und erfahrbarer Leiblichkeit findet sein Äquivalent im architektonischen Bereich in einer perfekten Detaillierung und einem besonderem Augenmerk auf der Stimmung der Bauten.[8] Zeit-

---

6   Themenheft «Sakralbauten», in: *Werk, Bauen + Wohnen*, 92, 2005, Nr. 9.
7   Fabrizio Brentini, «Sakralität und Kirchenbau», in: *Werk, Bauen + Wohnen* 2005 (Anm. 6), 4–7; vgl. Fabrizio Brentini, *Bauen für die Kirche. Katholischer Kirchenbau des 20. Jahrhunderts in der Schweiz* (Brückenschlag zwischen Kunst und Kirche 4), Luzern: Edition SSL, 1994.
8   Christoph Allenspach fasst die Richtung treffend als «Stimmungen und Bilder» zusammen: Christoph Allenspach, *Architektur in der Schweiz. Bauten im 19. und 20. Jahrhundert*. Zürich: Pro Helvetia, 1998, 142–148.

Abb. 12: Sumvitg, Sogn Benedetg, 1985–1989, Peter Zumthor

gleich beginnt man sich auch in den Sozial- und Kulturwissenschaften – im Zuge eines «Spatial turn» – vermehrt für die Themen Raum und Atmosphäre zu interessieren. Mit dem Thema Atmosphäre beschäftigt sich insbesondere der Philosoph Gernot Böhme, der diese Kategorie in einen engen Bezug zur Architektur bringt: «Atmosphären sind gestimmte Räume oder [...] räumlich ergossene, quasi objektive Gefühle. Atmosphären sind etwas Räumliches und die werden erfahren, indem man sich in sie hineinbegibt und ihren Charakter an der Weise erfährt, wie sie unsere Befindlichkeit modifizieren, bzw. uns zumindest anmuten.»[9]

In seiner eben zitierten Publikation «Architektur und Atmosphäre» setzt sich Böhme auch mit dem Kirchenbau auseinander, beschreibt das Numinose kirchlicher Räume, die Heilige Dämmerung – diaphanes Licht, Stille, das Erhabene, das

9   Gernot Böhme, *Architektur und Atmosphäre*. München: Wilhelm Fink Verlag, 2006, 16.

Steinerne, den Genius loci – und vollführt damit ganz im Sinne Christoph Werners eine «kunstgeschichtliche Exkursion».

Das wachsende Bedürfnis nach atmosphärischen Räumen ab den 1980er-Jahren zeigen die beiden letzten Beispiele. Die kleine römisch-katholische Kirche St. Franziskus im aargauischen Schinznach-Dorf wurde 1993–1994 von Andreas Graf und Antti Rüegg errichtet (Abb. 10 und 11). Bei diesem sowohl aussen wie auch innen bescheidenen Bau verzichtete man bewusst auf Multifunktionalität und schuf stattdessen einen Raum mit einer besonderen Atmosphäre. Insbesondere sind es der ovale Grundriss sowie die nach innen gerichtete Lichtführung, die dem Raum eine «sakrale», d. h. stimmungsvolle Atmosphäre verleihen. Mit seinem besonderen Grundriss, dem Material Holz und seinem introvertierten Charakter erinnert der Bau an die etwas ältere, 1985–1989 von Peter Zumthor gebaute Kapelle Sogn Benedetg in Sumvitg (Abb. 12). Zumthor wurde mit seinen sorgfältig detaillierten, stimmungsvollen und zugleich haptisch ansprechenden Bauten zum Exponenten einer atmosphärischen Architektur, wie sie heute, gerade auch im Kirchenbau, wieder stärker gefragt ist.

Bilderlosigkeit und Bilder. Zur künstlerischen Ausstattung moderner Kirchen

Johannes Stückelberger

Im modernen Kirchenbau hat die künstlerische Ausstattung nicht mehr den gleich hohen Stellenwert wie in früheren Epochen, was insbesondere beim katholischen Kirchenbau auffällt. Im Unterschied zu den im historisierenden Stil erbauten Kirchen des 19. und frühen 20. Jahrhunderts verzichtet man weitgehend auf Dekor und Ornamente und hält sich auch bei der Wand- und Glasmalerei zurück. Für diese Zurückhaltung gibt es verschiedene Gründe.

Ein erster Grund ist die in der Nachkriegszeit auch im Kirchenbau dominierende Architektursprache des Neuen Bauens, die sich durch Sachlichkeit und Funktionalität auszeichnet und kein schmückendes Beiwerk zulässt. Obwohl es in der römisch-katholischen Kirche eigentlich bis zum Zweiten Vatikanischen Konzil ein Moderneverbot gibt, hält man sich in der Schweiz bereits ab 1930 kaum mehr daran. Die Kirchen werden im Stil der Zeit gebaut, man will modern sein. Ein zweiter Grund für die Zurückhaltung ist ein theologischer. Das ekklesiologische Selbstverständnis der Kirche nach dem Zweiten Weltkrieg ist nicht mehr das einer Macht demonstrierenden Staatskirche, sondern das einer Kirche für die Menschen.[1] Die Kirche wird bescheidener, entsprechend werden auch die Architektur und die künstlerische Ausstattung der Kirchenbauten bescheidener und einfacher.

Diese Einfachheit, mit der eine weitgehende Bilderlosigkeit einhergeht, soll hier als Erstes thematisiert werden. Gleichwohl gibt es in den modernen Kirchen noch Kunstwerke, vor allem im Bereich der liturgischen Ausstattung, vereinzelt auch als Glas- und Wandmalerei, worauf im zweiten Teil eingegangen wird. Die römisch-katholischen Beispiele dominieren in dieser Darstellung, nicht nur, weil der Kunst in der reformierten Kirche generell eine weniger grosse Bedeutung zukommt, sondern auch, weil seit 1950 in der Schweiz dreieinhalbmal so viele katholische Kirchen gebaut wurden wie reformierte.[2] Zeitlich ist der Beitrag auf die Jahre zwischen 1950 und 1980 fokussiert.[3]

---

1 Vgl. die beiden Beiträge von Urban Fink und Katrin Kusmierz in dieser Publikation.
2 In der auf der Webseite des Schweizer Kirchenbautags (https://www.schweizerkirchenbautag. unibe.ch [24.3.2021]) veröffentlichten «Datenbank Moderner Kirchenbau» sind sämtliche seit 1950 in der Schweiz gebauten römisch-katholischen und evangelisch-reformierten Kirchen, Kapellen und Klöster erfasst.
3 Vgl. Johannes Stückelberger, «Liturgische Kunst in der Schweiz im 20. Jahrhundert», in: Antonio Giorgio Della Longa, Antonio Marchesi, Massimiliano Valdinocci und Walter Zahner (Hg.), *Arte e Liturgia nel Novecento. Esperienze europee a confronto*, Atti del 30 Convegno Internazionale, Venezia, 6 e 7 ottobre 2005, Rovereto: Nicolodi, 2006, 75–93 (ital.: L'arte liturgica in Svizzera nel XX secolo, ebd.).

Bilderlosigkeit

Die Zurückhaltung in der künstlerischen Ausstattung moderner Kirchen hängt zunächst mit der oft sehr einfachen Architektur zusammen. Die Skelettbauweise ist beliebt, Natursteinmauerwerk, nicht verkleidete Eisenträger, Beton- und Holzbinder kommen zum Einsatz, der Beton bleibt unverputzt, Holzgebälk ist sichtbar, die Bauten folgen der Ästhetik des Funktionalismus. Eine prunkvolle Ausstattung würde sich mit der Architektur der modernen Kirchen schlecht vertragen.

Die Einfachheit folgt aber nicht nur einem ästhetischen, sondern auch einem theologischen Ideal. Hermann Baur, der sich in seinen zahlreichen Kirchen und einer regen Publikationstätigkeit unermüdlich für einen explizit modernen Kirchenbau einsetzte, schreibt 1956 über die Fronleichnamskirche in Aachen, einen Bau des mit ihm befreundeten Rudolf Schwarz: «Hier war nun alles, was in der Luft lag, in die gültige Form gebracht; alles nur Akzidentelle, all das dekorative Formenwesen, das sich um den Kirchenbau angesetzt hatte, war da ausgelöscht, weggefegt. In letzter Nacktheit stand hier Architektur da, Hülle eines Raumes, gefügt mit vollendetem Mass, das Urelement der Lichtführung dem Kult und dem Sinne des Hauses Gottes dienstbar gemacht.»[4] Schwarz seinerseits schreibt über Baur: «Uns fiel die Aufgabe zu, den innersten Weltort zu reinigen, damit er wieder das werde, was Eckehart das ‹stille Hüttlein in den Dingen› nennt, der stille Ort für die Einkehr des Herrn. Das war unser Dienst.»[5] In Frankreich sind es insbesondere die beiden Dominikanermönche Marie-Alain Couturier und Pie-Raymond Régamey, die in der von ihnen herausgegebenen Zeitschrift «L'Art Sacré» ebenfalls für Einfachheit und Armut als theologischen und ästhetischen Werten eintraten. Für einen Artikel zum Thema Armut wählten sie als Illustrationen Bilder von Hermann Baurs Kirche St. Michael in Basel (Abb. 13). Pie-Raymond Régamey lobt diese für ihre spirituelle Qualität, die er ihrer Bescheidenheit und Strenge zuschreibt.[6]

Die Einfachheit ist zum Teil auch ökonomisch begründet. Eine Mehrheit der katholischen Neubauten nach 1950 wurde in Diasporagebieten gebaut, also in jenen ehemals vorwiegend protestantischen Kantonen, in denen die römisch-katholische Kirche noch keinen öffentlich-rechtlichen Status genoss. Die Gemeinden behalfen sich oft zunächst mit Provisorien, die sie zum Teil später dann durch grössere Bauten ersetzten. Doch gibt es nicht wenige Beispiele, wo die Gemeinden an ihren «Provisorien» festhielten. Indem sie die Armut als eine liturgische und

---

4 *Kirchenbauten von Hermann Baur und Fritz Metzger* (Sakrale Kunst, Bd. 2), hg. von der Schweizerischen St. Lukasgesellschaft, Zürich: NZN Buchverlag, 1956, 10.
5 Rudolf Schwarz, «Mass und Mitte», in: *Kirchenbauten von Hermann Baur und Fritz Metzger* 1956 (Anm. 4), 73–78, hier 75–76.
6 Pie-Raymond Régamey, «Notes sur les illustrations des pages 23, 24 et 28», in: *L'Art Sacré*, 3–4, 1950, 25.

Abb. 13: Basel, St. Michael, 1948–1950, Hermann Baur

ekklesiologische Qualität erkannten, machten sie aus der Not eine Tugend. Nicht anders lässt sich erklären, warum sich in der Schweiz mehr als ein Dutzend der sogenannten Fastenopferkirchen erhalten haben.[7] Das Phänomen der «Notkirchen», die man liebgewann und nicht mehr preisgeben wollte, findet sich auch bei reformierten Kirchen (Abb. 14).

Aufgrund oder in Einklang mit den genannten ästhetischen, theologischen und ökonomischen Prämissen ist die künstlerische Ausstattung der nach 1950 entstandenen Kirchen in der Regel einfach und schlicht, was bis hin zur Bilderlosigkeit geht. Hermann Baur war denn auch wiederholt vonseiten der Kunstschaffenden mit dem Vorwurf der Bilderlosigkeit seiner Kirchen konfrontiert. Er versuchte zu beschwichtigen, indem er sagte, es gehe nicht darum, die Kunst des Malers aus dem kirchlichen Raum auszuschliessen. Wenn die meisten neueren Kirchen leer seien, so seien in der Regel rein finanzielle Gründe die Ursache davon. Worauf er sich dann aber doch für die Bilderlosigkeit stark macht, indem er schreibt: «Aber

---

7   David Zimmer, «Das Hilfskirchen-Programm des Fastenopfers der Schweizer Katholiken in den 1960er- und 70er-Jahren», in: *Das Münster*, 71, 4, 2018, 384–390.

vielleicht entspricht diese äussere Not doch auch einer geistigen Situation, die wir nicht übersehen dürfen.»[8]

Das Fehlen der Bilder fällt in den katholischen Kirchen insbesondere im Chorbereich auf, der bis in die Mitte des 20. Jahrhunderts in der Regel mit Malereien versehen wurde. Viele Künstlerinnen und Künstler fanden darin ihr Hauptbetätigungsfeld. Und so erstaunt es nicht, dass eine Mehrheit der für die Kirchen tätigen Kunstschaffenden vor 1950 Malerinnen und Maler waren, während sich danach das Verhältnis zugunsten der Bildhauerinnen und Bildhauer umkehrt.[9] Bei einigen der nach der Jahrhundertmitte gebauten Kirchen waren zunächst zwar noch Chorbemalungen geplant, auf die in den meisten Fällen dann aber verzichtet wurde. Die leeren, d.h. bilderlos belassenen Chorwände sind ein durchgehendes Merkmal der modernen Kirchen (Abb. 15 und 16). Erklären lassen sie sich mit dem Wandel der Liturgie.

In den älteren Kirchen steht die Chorbemalung in einer direkten Beziehung zum Hochaltar. Die Gottesdienstgemeinde sieht sie zusammen mit dem Priester, der davor mit dem Rücken zur Gemeinde die Messe zelebriert. Im Moment, wo, gemäss Beschluss des Zweiten Vatikanischen Konzils, die Messe an einem freistehenden Altar versus populum gefeiert wird, ist der Fokus nicht mehr der Hochaltar und die dahinter befindliche Chorwand, sondern der näher beim «Volk» stehende neue Altar. Ein Chorwandbild würde von diesem neuen Fokus ablenken. Bereits 1937, also ein Vierteljahrhundert vor dem Zweiten Vatikanischen Konzil, fordert Josef Kramp SJ in einer von Rudolf Schwarz herausgegebenen Publikation – mit Verweis auf entsprechende Traditionen in der Geschichte – einen «frei-

---

8   Hermann Baur, «Das künstlerische Anliegen des Architekten», in: *Ars Sacra. Schweizerisches Jahrbuch für kirchliche Kunst 1952–1953*, hg. von der Schweizerischen St. Lukasgesellschaft, Zürich: NZN Buchverlag, 1953, 64. Ähnlich schreibt Hermann Baur drei Jahre später zur heftigen Attacke eines bekannten Malers «gegen die ‹bildlosen› Kirchen»: In Wahrheit hätten weder er noch Metzger zu irgendeiner Zeit die These von den bildlosen Kirchen vertreten, es sei ja in der Regel nur die äussere Not gewesen, die es nicht zur Ausmalung der Kirchen kommen liess, doch wolle er nicht verhehlen, «dass dieser äusseren doch wohl auch in einem gewissen Masse eine innere Not entsprach». (Hermann Baur, «Gemeinsam zurückgelegter Weg», in: *Kirchenbauten von Hermann Baur und Fritz Metzger* 1956 [Anm. 4], 7–17, hier 16.)

9   Siehe dazu die Künstlerlisten in den drei folgenden Publikationen: Robert Hess, *Moderne kirchliche Kunst in der Schweiz. Kleiner Wegweiser zu den wichtigeren Werken* (Ars Sacra, Bd. 21), Zürich: NZN-Verlag, 1951; Robert Hess, *Neue kirchliche Kunst in der Schweiz. Kleiner Wegweiser zu den wichtigeren Werken* (Sakrale Kunst, Bd. 6), Zürich: NZN Buchverlag, 1962; *Neue kirchliche Kunst in der Schweiz 3. Wegweiser zu Werken 1962–1975* (Sakrale Kunst, Bd. 11), hg. von einer Arbeitsgemeinschaft der St. Lukasgesellschaft, Zug: Verlag Zürcher AG, 1976. Vgl. ausserdem das Verzeichnis der Künstlermitglieder der Schweizerischen St. Lukasgesellschaft von 1924–1986, in: Fabrizio Brentini, *Die Schweizerische St. Lukasgesellschaft Societas Sancti Lucae SSL 1924–1986* (Brückenschlag zwischen Kunst und Kirche, Bd. 1), Luzern: Schweizerische St. Lukasgesellschaft, 1987, 15–17.

Abb. 14: Therwil, Reformierte Kirche, 1966

stehenden Altar, der von keinen Auf- und Anbauten beschattet ist».[10] Als Mittelpunkt des liturgischen Geschehens müsse dieser von allen Seiten sichtbar sein und gewissermassen auch räumlich den Mittelpunkt bilden.

Die Lukasgesellschaft druckte den Aufsatz von Josef Kramp leicht gekürzt in ihrem Jahrbuch für das Jahr 1950, das dem Thema «Der Altar und sein Raum» gewidmet war, wieder ab.[11] In einem zweiten Beitrag, der den Titel «Die Chorwand» trägt, überlegt Johannes Grossmann, was die Forderung von Kramp für

---

10 Josef Kramp, «Der Altar und sein Dienst», in: Rudolf Schwarz, *Gottesdienst. Ein Zeitbuch,* Würzburg: Werkbundverlag, 1937.
11 Josef Kramp SJ, «Der Altar und sein Dienst. ‹Ideal und Verkehrtheiten›», in: *Der Altar und sein Raum* (Ars Sacra, Bd. 20), hg. von der Societas Sancti Lucae, o.O., 1950, 7–25.

Abb. 15: Basel, Allerheiligen, 1948–1951, Hermann Baur

die Gestaltung der Chorwände bedeutet.[12] Er kommt zum Schluss, diese müssten leer bleiben, damit die Aufmerksamkeit der Gläubigen durch nichts vom Altartisch als dem Zentrum des Gottesdienstes abgelenkt würde. Mit Bezug auf bereits realisierte jüngere Beispiele beschreibt er die von diesen leeren Wänden ausgehende Wirkung mit den Worten: «Aus der Hand bester heutiger Architekten gingen Kirchen hervor, die die Opferstätte als Mittelpunkt zur Geltung kommen lassen. Altar ist Schwelle, ist Mittler. Hüben ist der ‹Weltraum›, d. h. das Volk, und in ihm die ‹Welt›, die vor Gott tritt und nach ihm Ausschau hält; drüben das Jenseitige, Gottes Ort, das Himmlische. Auf der Schwelle vollzieht sich die consecratio des einen in das andere, wagt die Erde den Schritt in die Ewigkeit und steigt der Himmel auf die Erde. Die ‹leere›, schweigende oder stille Wand ist

---

12 Johannes Grossmann, «Die Chorwand», in: *Der Altar und sein Raum* (Anm. 11), 26–30.

Abb. 16: Bümpliz, St. Antonius, 1958, Hanns A. Brütsch

erfüllt von Demut und Ehrfurcht vor diesem Geschehen. Wie es ein Schweigen gibt, voll Wirklichkeit und Leben, so ist auch diese ‹Leere›, diese Stille ein Ort Gottes; für die richtig belehrte und empfängliche Seele wird vor solcher Wand Gottes Gegenwärtigkeit fühlbar. Auch dies andere zeigt die ‹Leere› an: die Demut des Menschen, der Göttliches nicht auszusprechen vermag. So können die von unseren Architekten geschaffenen ‹leeren› Wände eine herrliche Fülle haben.»[13] In der Konsequenz der Argumente von Grossmann hat auch das Kruzifix seinen Platz nicht an der Chorwand, weshalb es in der Regel freischwebend über dem Altar angebracht wurde. Vereinzelt erhielten die bilderlosen Chorwände später eine künstlerische Gestaltung, mit der Begründung, diese sei früher sicherlich vorgesehen gewesen, oder es wurde daran ein Kreuz befestigt. Diese späteren Ergänzungen entsprechen nicht den Intentionen der Erbauer und vermögen oft weder theologisch noch künstlerisch zu überzeugen.

Neben dem Ideal der Einfachheit und dem Anliegen der Fokussierung auf den Altar gibt es noch einen dritten Grund für die Bilderlosigkeit der modernen Kirchen, der mit dem oftmals skulpturalen Charakter der Architektur zusammenhängt. Während der ältere Kirchenbau im Wesentlichen drei Typen kennt, die mehrschiffige Kirche, die Saalkirche und die Zentralkirche, folgen die modernen Kirchen keiner einheitlichen Typologie. Die individuelle Sprache ihrer Architektur ist oft kräftig, erhaben, einnehmend, geheimnisvoll, wofür besonders eindrückli-

---

13 Ebd., 26.

Abb. 17: Zürich, Mariä Krönung, 1963–1965, Justus Dahinden

che Beispiele die Kirchen von Justus Dahinden mit ihren Zeltdächern und dem indirekt von oben einströmenden Licht sind (Abb. 17) oder die höhlenartigen Bauten von Walter Maria Förderer mit ihren kristallinen, schweren Betonwänden und -decken (Abb. 6, 71, 80, 81, 82 und Umschlagbild). Für Bilder gibt es in diesen Kirchen weder geeignete Wände noch Fenster, die Architektur ist zu dominant, als dass sich Bilder ihr gegenüber behaupten könnten. Auch die ganz in Weiss gehaltenen, mit farbigen Wänden ausgestatteten oder mit Holz ausgekleideten Kirchen (Abb. 18 und 67) lassen keine Bilder zu. Es braucht in ihnen die Bilder gar nicht, ihre Architektur hat selber Bildcharakter, wofür die vielfach verwendete Symbolik des Zelts genannt sei.[14]

Ein weiterer Grund für die Bilderlosigkeit moderner Kirchen ist im neuen Typus des Kirchgemeindezentrums zu suchen, der sich sowohl auf katholischer als auch auf reformierter Seite grosser Beliebtheit erfreut. Diese Zentren sind keine Kirchen im herkömmlichen Sinn, es sind Orte, die unter einem Dach einen Gottesdienstraum, einen Gemeindesaal, Unterrichtsräume, Räume für die Jugendgruppe sowie ein Pfarrhaus vereinen. Wenn Werner Max Moser, der Architekt der reformierten Kornfeldkirche in Riehen (Abb. 18), den Gottesdienstraum in diesem

---

14 Kerstin Wittmann-Englert, *Zelt, Schiff und Wohnung. Kirchenbauten der Nachkriegsmoderne*, Lindenberg im Allgäu: Kunstverlag Josef Fink, 2006.

Abb. 18: Riehen, Kornfeldkirche, 1961–1964, Werner Max Moser

Zentrum als «Wohnstube der Gläubigen»[15] bezeichnet, bringt er damit zum Ausdruck, dass dieser Raum kein Sakralraum sein will, sondern ein Raum, in dem sich die Gemeinde wie zu Hause fühlt. Seine gestalterischen Intentionen bei diesem Bau beschreibt er mit den Worten: «Eine würdevolle einheitliche Raumwirkung ist angestrebt, jedoch ist eine ‹sakrale› Stimmung vermieden. Die Verantwortung für das Erlebnis des Gottesdienstes liegt in jedem Einzelnen. Allzu geheimnisvolle Lichtführung oder dekorative bildliche und figurale Darstellungen, die mystische Bezüge einführen wollen, lenken oft mehr ab, als dass sie die Mitverantwortung des Kirchenbesuchers fühlbar machen.»[16]

1959 veröffentlicht Benedikt Huber in der Zeitschrift «Das Werk» Stellungnahmen reformierter Theologen zu einer Reihe von Fragen, die er ihnen zum protestantischen Kirchenbau stellt, unter anderem zur Frage, welcher Platz der bildenden Kunst im reformierten Kirchenraum zukomme.[17] Karl Barth antwortet

---

15 Werner Max Moser, «Wandlungen im reformierten Kirchenbau in den letzten hundert Jahren», in: z'Rieche, 1965, 45–50, hier 49; vgl. Johannes Stückelberger, *Die Kornfeldkirche in Riehen* (Schweizerische Kunstführer GSK), Bern: Gesellschaft für Schweizerische Kunstgeschichte, 2004.

16 Moser 1965 (Anm. 15), 49–50. Für eine umfassendere Darstellung des reformierten Kirchenbaus der Nachkriegszeit, siehe: Johannes Stückelberger, «Kirche als funktionaler Raum», in: Ralph Kunz, Andreas Marti und David Plüss (Hg.), *Reformierte Liturgik – kontrovers*, Zürich: Theologischer Verlag Zürich, 2011, 219–228.

17 *Das Werk*, 46, 1959, Heft 8, 271–280.

Abb. 19: Zürich, Heilig Geist, 1971–1973, Karl Higi

darauf kurz und knapp: «Bildliche und symbolische Darstellungen sind an *keiner* Stelle des protestantischen Kirchenraums am Platze», was er mit dem Verweis darauf begründet, dass der Wirklichkeit der Person und des Werks Jesu Christi nur die im Gottesdienst und im Leben handelnde Gemeinde entsprechen könne, «kein Bild und kein Symbol!»[18]

Auch in den katholischen Gemeindezentren jener Zeit gibt es kaum oder nur wenige Bilder. So beschränkt sich etwa die künstlerische Gestaltung des Gottesdienstraums in der von Karl Higi gebauten Kirche Heilig Geist in Zürich auf farbige geometrische Muster an Decke und Chorwand (Abb. 19). Unmittelbar neben dem Kirchenraum befindet sich der Gemeindesaal, der, mittels Öffnen der Trennwand zwischen den beiden, mit dem Gottesdienstraum zusammengeschlossen werden kann, sei es, wenn man letzteren oder aber den Saal vergrössern will. Beide Räume sind folglich Mehrzweckräume, weshalb man auf sakrale Bilder ver-

18 Ebd., 271.

zichtete.[19] Der deutsche protestantische Theologe Hans-Eckehard Bahr spricht mit Blick auf solche Räume von «Kirchen in nachsakraler Zeit».[20] Den Trend zur Bilderlosigkeit stellt 1980 auch Alois Müller, der damalige Präsident der Schweizerischen St. Lukasgesellschaft, fest, wenn er schreibt: «Von den Gemeinden selber wird zunehmend *Kunst* für Kirchen in Frage gestellt.»[21] Den Grund dafür sieht er erstens in der Forderung nach mehr Diakonie, zweitens in der Forderung nach mehr Demokratie in der Kirche.

Bilder

Nach diesen Ausführungen zur Bilderlosigkeit mag man sich fragen, wo es denn in modernen Kirchen überhaupt noch Raum für Kunst gibt. Es gibt ihn noch, vor allem im Bereich der liturgischen Orte. Die Stärkung der Liturgie durch das Zweite Vatikanische Konzil führt dazu, dass der Gestaltung des liturgischen Bereichs eine besondere Bedeutung zukommt. Entsprechend konzentriert sich die künstlerische Ausstattung der modernen katholischen Kirchen wesentlich auf diesen Bereich.

In der Schweiz wurden nach 1950 mehr als 600 katholische Kirchen errichtet, die alle eine neue liturgische Ausstattung brauchten. Dies war ein riesiges Betätigungsfeld für Künstlerinnen und Künstler aus den Bereichen Bildhauerei, Malerei, Goldschmiedekunst, Kunstschlosserei und Textilgestaltung.[22] Es würde diese Ausführungen sprengen, wollten wir auf einzelne Namen eingehen, doch seien die Orte und Objekte genannt, die es zu gestalten gab. Gemäss der Allgemeinen Einführung in das Römische Messbuch gehören zur Ausstattung einer katholischen Kirche obligat die folgenden Elemente[23]: Im Altarraum sind dies der Altar, feststehend, mit dem Boden verbunden, oder tragbar, der Ambo als Ort der Verkündigung des Wortes Gottes, der Tabernakel für die Aufbewahrung der Eucharistie, ein Tisch für die Gabenbereitung, der Sitz des Priesters, weitere Sitze für diejeni-

---

19 Der Gottesdienstraum in der 1973 errichteten Kirche Heilig Geist erfuhr bereits 1986 eine Veränderung, indem die geometrische Gestaltung im Bereich der Wand hinter dem Altar entfernt und durch ein figürliches Relief ersetzt wurde. 2013 versuchte man mit einem erneuten Eingriff zu korrigieren, zu harmonisieren. Das ursprüngliche Nebeneinander von Profan und Sakral wurde aufgegeben, der Raum dient heute ausschliesslich als Gottesdienstraum.
20 Hans-Eckehard Bahr (Hg.), *Kirchen in nachsakraler Zeit*, Hamburg: Furche-Verlag, 1968.
21 Alois Müller, «Kunst für Kirchen – wie lange noch?», in: *Standort 80 – Kunst für Kirchen. Ausstellung der Schweizerischen St. Lukasgesellschaft (SSL) in Luzern und Basel, 1980* (Sakrale Kunst, Bd. 12), Zürich: NZN Buchverlag 1980, 7–10, hier 8.
22 Vgl. die Künstlerlisten in den in Anm. 9 aufgeführten Publikationen.
23 *Die Feier der heiligen Messe, Messbuch. Für die Bistümer des deutschen Sprachgebietes. Authentische Ausgabe für den liturgischen Gebrauch*, Einsiedeln, Köln u. a., 1975 [zitiert als *Römisches Messbuch*]. Darin zur Gestaltung und Ausstattung des Kirchenraums für die Messfeier, § 253–280, zu den liturgischen Geräten und zur liturgischen Kleidung, § 287–312.

Abb. 20: Basel, St. Michael, 1948–1950, Hermann Baur. Altar von Albert Schilling, Tabernakel von Martha Flüeler-Häfeli, Stoffbaldachin von Sr. Augustina Flüeler, Altarkreuz von Albert Schilling, mit Emaileinlagen von Isabella Sidler-Winterhalder

gen, die im Gottesdienst besondere Dienste ausüben, ein Kreuz, sei es auf dem Altar oder in seiner Nähe, das Ewige Licht sowie Leuchter (Abb. 5, 11, 12, 13, 15, 16, 17, 19, 20, 23, 28, 31, 32, 33, 34, 60, 64, 71, 78 und 82). Für die Feier der Messe braucht es die folgenden liturgischen Geräte: Kelch, Patene, Kommunionschalen und Hostienbüchse (Ciborium). Dazu kommt die liturgische Kleidung für alle, die im Gottesdienst einen Dienst versehen (Abb. 21). Je nach Dienst sind dies: Albe (mit Zingulum, Schultervelum und dazugehöriger Schnalle), Stola, Kasel (Messgewand), Dalmatik und Tunicella (Obergewänder des Diakons und Subdiakons), Chormantel, etliches davon in unterschiedlichen Farben für die verschiedenen Zeiten im Jahreskreis sowie für besondere Feste. Dazu kommen Altartücher in verschiedenen Farben sowie dunkle Stoffe für die Verkleidung der Bilder zur Fastenzeit. Nicht zu vergessen das Taufbecken, der Osterkerzenstock, die Weihwasserbecken, der Weihwasserkessel, das Weihrauchfass, das Weihrauchschiffchen, die Messglocken, die Monstranz, das Reliquienkreuz, Dosen und Flaschen für heilige Öle, eine Schale für die Eheringe, eine Taufschale, eine Schale für Salz, Messkännchen, eine Platte für die Messkännchen, ein Gefäss für das Krankenöl und weiteres (Abb. 22). All diese Elemente wurden durch Künstlerinnen und Künstler gestaltet und gefertigt. Was Darstellungen von Heiligen betrifft, empfiehlt das Römische Messbuch eine gewisse Zurückhaltung, «da die Aufmerksamkeit der Gläubigen nicht von der liturgischen Feier abgelenkt werden darf».²⁴ Die Jahre zwischen 1950 und 1980 waren für die liturgische Kunst eine Blütezeit, Künstlerinnen und Künstler hatten volle Auftragsbücher.

Wie die Architektur folgt auch die liturgische Ausstattung der modernen Kirchen einer Ästhetik der Einfachheit. Schlichte, klare Formen, ohne Zierrat und Dekor, zeichnen die im Dienst der Liturgie und der sakramentalen Handlungen stehenden Gegenstände aus. Diese Einfachheit ist nicht nur dem Zeitgeschmack geschuldet, sondern wird auch von den kirchlichen Weisungen verlangt. So heisst es im Sacrosanctum Concilium: «Bei der Förderung und Pflege wahrhaft sakraler Kunst mögen die Ordinarien mehr auf edle Schönheit bedacht sein als auf blossen Aufwand. Das gilt auch für die heiligen Gewänder und die Ausstattung der heiligen Orte.»²⁵ Im Römischen Messbuch ist es so formuliert: «Die Ausstattung der Kirche soll edel und einfach sein und nicht der Prachtentfaltung dienen. In der Auswahl des Materials für den Schmuck sei man auf Echtheit bedacht: alles soll zur Formung der Gläubigen und zur Würde des liturgischen Raumes beitragen.»²⁶ Bei der Beschreibung der einzelnen Ausstattungsstücke finden sich wiederholt Stichworte wie «edle Schlichtheit» oder «keine Anhäufung von Schmuck und Verzierung».²⁷

Die liturgische Ausstattung in den modernen reformierten Kirchen beschränkt sich im Wesentlichen auf Kanzel und Abendmahlstisch (Abb. 3, 14, 18, 39, 55, 67, 69 und 84). Deren Material ist meistens Holz, gestaltet wurden sie in der Regel von den Architekten, schlicht und ohne künstlerischen Anspruch. Im Unterschied zu früheren Zeiten hängt die Kanzel nicht mehr an einer Wand, sondern steht auf einem niedrigen Sockel. Während der Abendmahlstisch verschiebbar ist, ist die Kanzel oft im Boden verankert.

Trotz der weit verbreiteten Bilderlosigkeit in den modernen Kirchen und der Fokussierung auf die liturgische Ausstattung gibt es da und dort doch weitere Kunstwerke, insbesondere in Form von Glasfenstern, vereinzelt auch Wandbildern. Oftmals werden nur kleine Akzente gesetzt, die in ihrer Zurückhaltung jedoch eine umso grössere Wirkung entfalten: da oder dort ein kleines Glasfenster, ein Deckenbild in der Taufkapelle, ein Relief neben dem Haupteingang. Wo Kirchen eine verglaste Eingangsfront oder grosse seitliche Chorfenster haben, sind diese bisweilen, wenn auch längst nicht überall, mit grossen Glasgemälden versehen (Abb. 23). Manchmal sind auch die schmalen Fensterbänder unter der Decke farbig gestaltet. Tendenziell hat es in den Kirchen der Westschweiz mehr Bilder als in den Kirchen der Deutschschweiz. Ferdinand Gehr, der seit 1931 zahlreiche Kirchen mit grossen Wandbildern ausstattete, nahm sich in seinen nach 1960 reali-

---

24 *Römisches Messbuch* (Anm. 23), § 278.
25 Sacrosanctum Concilium (Konstitution über die heilige Liturgie) [zitiert als SC], § 124.
26 *Römisches Messbuch* (Anm. 23), § 279.
27 Ebd., §§ 287, 306, 312.

Abb. 21: Sr. Augustina Flüeler, Festornat für eine Beton-Kirche, Detail

sierten Arbeiten stärker zurück, setzte oft nur noch wenige Akzente und schuf damit wunderbare, schlichte Werke (Abb. 24).[28]

Moderne Kirchenbauten haben den Charakter von Gesamtkunstwerken, in denen die Kunst nicht der Architektur hinzugefügt, sondern integrativer Bestandteil davon ist. Zur Rolle des Architekten bei der Erschaffung dieses Gesamtkunstwerks Kirche schreibt Hermann Baur 1953: «Er [der Architekt] muss, wie das schon immer seine Aufgabe war, die Künstler-Mitarbeiter, so wie ein guter Dirigent sein Orchester, zur Einheit zusammenführen. Er muss den Ort, die Techniken, die Akzente festlegen. [...] Der Maler wird den Puls der neuen Architektur

---

28 *Ferdinand Gehr. Die öffentlichen Aufträge*, hg. von Dorothee Messmer und Katja Herlach (Ausst.-Kat. Kunstmuseum Olten), Olten: Kunstmuseum Olten; Zürich: Verlag Scheidegger & Spiess AG, 2016.

Abb. 22: Meinrad Burch, Messkännchen, 1952, Silber

fühlen müssen, der Architekt umgekehrt jenen der neuen Malerei und beide werden sich immer wieder orientieren müssen an dem, was sich im kirchlichen Raume selber tut. Alles ist in ein neues Verhältnis zum Altar und zu dem, was sich an ihm vollzieht, zu bringen. Neusetzung der Aufgabe und Heimholen all dessen, was sich in der ausserkirchlichen Welt des Malers vorbereitet hat, in den Raum des Opfers und der Anbetung, das ist's, was weiterführen wird.»[29]

Der letzte Satz des Zitats ist ein klares Bekenntnis zur zeitgenössischen Kunst, das zehn Jahre später auch das Zweite Vatikanische Konzil ausspricht. Während der Codex Iuris Canonicae von 1917 vom Kirchenbau und der Kirchenkunst noch verlangt, dass sie sich an historischen Stilen orientieren, was einem Modernever-

---

29 Baur 1953 (Anm. 8), 64.

Abb. 23: Wallisellen, St. Antonius, 1956–1958, Karl Higi.
Farbige Glaswand von Ferdinand Gehr im Chor

bot gleichkommt[30], fordert das Zweite Vatikanische Konzil explizit eine moderne Formensprache. So hält Sacrosanctum Concilium fest: «Die Kirche hat niemals einen Stil als ihren eigenen betrachtet, sondern hat je nach Eigenart und Lebensbedingungen der Völker und nach den Erfordernissen der verschiedenen Riten die Sonderart eines jeden Zeitalters zugelassen und so im Lauf der Jahrhunderte einen Schatz zusammengetragen, der mit aller Sorge zu hüten ist. Auch die Kunst unserer Zeit und aller Völker und Länder soll in der Kirche Freiheit der Ausübung

---

30 Codex Iuris Canonicae (CIC) 1917, Can. 1164, § 1: «Die Oberhirten haben dafür Sorge zu tragen, dass beim Bau oder bei der Renovation von Kirchen die von der christlichen Überlieferung übernommenen Formen sowie die Gesetze der kirchlichen Kunst gewahrt bleiben.»

Abb. 24: Muttenz, Johannes Maria Vianney, 1964–1966, Max Schnetz. Wandmalerei von Ferdinand Gehr in der Taufkapelle, 1968

haben [...].»[31] Ähnlich heisst es im Römischen Messbuch im Kapitel über «Gestaltung und Ausstattung des Kirchenraumes für die Messfeier»: «Wie sie [die Kirche] bedacht ist, die Kunstschätze früherer Zeiten zu bewahren und, wenn nötig, den Erfordernissen der jeweiligen Zeit anzupassen, so geht ihr besonderes Streben auch dahin, Neues als Ausdruck seiner Zeit zu fördern.»[32] «Aggiornamento», im Sinn einer Anpassung der Kirche an die Gegenwart, war das Leitmotiv des Zweiten Vatikanischen Konzils.

Zu diesem Bekenntnis zur modernen Kunst kommt etwas Zweites hinzu, das die Ausstattung der modernen katholischen Kirchen auszeichnet: die Forderung nach guter, echter, wahrer Kunst. Im Römischen Messbuch heisst es dazu: «Die Gottesdiensträume und alles, was dazu gehört, sollen in jeder Hinsicht würdig sein, Zeichen und Symbol überirdischer Wirklichkeit.»[33] Und weiter: «Bei der Berufung von Künstlern und der Auswahl von Kunstwerken für Gottesdiensträume sind daher die Massstäbe echter Kunst anzulegen. So sollen Glaube und

---

31 SC (Anm. 25), § 123.
32 *Römisches Messbuch* (Anm. 23), § 254.
33 Ebd., § 253.

Frömmigkeit vertieft und Übereinstimmung mit der echten Zeichenhaftigkeit und Zielsetzung der Kunstwerke erreicht werden.»[34] Das Sacrosanctum Concilium hält fest, Werke, die «künstlerisch ungenügend, allzu mittelmässig oder kitschig sind», seien auszuschliessen.[35]

Die modernen Kirchenbauten der Schweiz sind Gesamtkunstwerke von hoher Qualität. Mit zu dieser Qualität trägt ihre künstlerische Ausstattung bei, die, wie die Architektur, den ästhetischen, theologischen und ekklesiologischen Idealen der Einfachheit, Bilderlosigkeit und Schlichtheit verpflichtet ist.

---

34 Ebd., § 254.
35 SC (Anm. 25), § 124.

Liturgie- und Gemeindeverständnis im modernen katholischen Kirchenbau

Urban Fink

Die Liturgiereform des Zweiten Vatikanischen Konzils

Um die Bedeutung der durch das Zweite Vatikanische Konzil (1962–1965) angestossenen Liturgiereform und des modernen katholischen Kirchenbaus in der zweiten Hälfte des 20. Jahrhunderts in der Schweiz einschätzen zu können, lohnt sich ein Blick zurück in die Geschichte.[1] Mit Gregor VII. (Papst von 1073 bis 1085) begann in Rom eine Konsolidierung der römisch geprägten, aber auch anderweitig beeinflussten Liturgie, die im 13. Jahrhundert durch den Franziskanerorden in ganz Europa verbreitet wurde. Die im Westen immer als Gemeinschaftshandlung verstandene und gefeierte Liturgie entwickelte sich im Lauf des Mittelalters immer mehr zu einer «Klerusliturgie». Der Einbau eines Lettners zerteilte die Kirche in eine «Herren-» und eine «Leutekirche», und die aktive Beteiligung der Gemeinde ging bei stillen Messen verloren. Die im Barock geförderte Verehrung des Altarsakraments und die damit verbundene Anbetungsfrömmigkeit gaben den Anstoss, den Lettner durch das Chorgitter zu ersetzen, um den Blick auf den Hochaltar zu ermöglichen. Das Reformkonzil von Trient (1545–1563) beseitigte zwar die gröbsten Missstände, aber die nun vorgeschriebene römische Einheitsliturgie blieb eine Sonderliturgie des Klerus. Erneuerungsbestrebungen wurden in späteren Jahrhunderten gebremst, man förderte den Geheimnischarakter der Liturgie, nicht aber deren Gemeinschaftscharakter. Der im Codex Iuris Canonici (CIC) von 1917 in can. 1164, § 1 für Kirchenbauten und -renovationen vorgeschriebene Historismus wirkte ebenfalls innovationshemmend.

Zukunftsträchtig war die 1884 herausgegebene Übersetzung des Römischen Messbuchs durch Anselm Schott, welche erstmals den Laien ein bewussteres Mitfeiern der Messe und des Kirchenjahrs ermöglichte. Die wissenschaftliche Beschäftigung mit der Liturgie förderte die Reflexion und zeigte die Gefahren einer His-

---

1   Einen konzisen Überblick über den nachfolgend zusammengefassten Zeitabschnitt der Geschichte der Liturgie bietet: Adolf Adam und Winfried Haunerland, *Grundriss Liturgie*, Freiburg i. Br.: Herder, ⁹2012, 52–84; Stefan Kopp, *Der liturgische Raum in der westlichen Tradition. Fragen und Standpunkte am Beginn des 21. Jahrhunderts*, Münster: LIT, 2011; für die Entwicklung im 20. Jahrhundert: Wolfgang Jean Stock (Hg.), *Europäischer Kirchenbau 1900–1950. Aufbruch zur Moderne*, München u. a.: Prestel, 2006; ders., *Europäischer Kirchenbau 1950–2000*, München u. a.: Prestel, 2002; Ralf van Bühren, *Kunst und Kirche im 20. Jahrhundert. Die Rezeption des Zweiten Vatikanischen Konzils*, Paderborn u. a.: Ferdinand Schöningh, 2008.

Abb. 25: Zürich, St. Felix und Regula, 1949–1950, Fritz Metzger

torisierung auf. Papst Pius X. (Papst von 1903 bis 1914) sprach 1903 von «der tätigen Teilnahme an den hochheiligen Mysterien und am öffentlichen feierlichen Gebet der Kirche». Der belgische Benediktiner Lambert Beauduin (1873–1960) griff diese «participatio actuosa» auf und sprach von der Notwendigkeit, die Liturgie zu einer Angelegenheit des ganzen Volks zu machen. Sein Referat am Katholikentag der Diözese Mecheln von 1909 kann als Geburtsstunde der klassischen Liturgischen Bewegung angesehen werden.

Im liturgischen Aufbruch nach dem Ersten Weltkrieg wurde in Deutschland und auch in der Schweiz die «missa recitata» gefeiert, bei der der Priester gegen das Volk zelebrierte, die Gläubigen um den Altar standen und die lateinischen Antworten gaben, woraus die spätere Gemeinschaftsmesse erwuchs. 1943 erlaubte der Vatikan die Gemeinschaftsmesse, die Betsingmesse und das deutsche Hochamt, bei dem der Zelebrant alle Texte lateinisch sprach, gleichzeitig aber deutsche

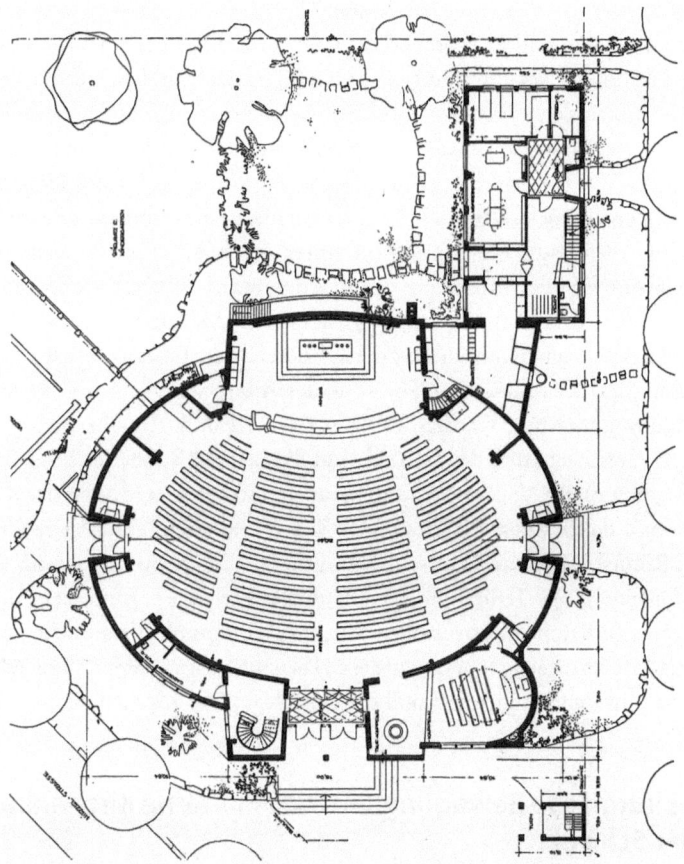

Abb. 26: Zürich, St. Felix und Regula, Grundriss, 1949–1950, Fritz Metzger

Lieder gesungen wurden. 1947 anerkannte Pius XII. mit der Enzyklika «Mediator Dei» grundsätzlich die Liturgische Bewegung und die von der Liturgischen Bewegung geforderte «participatio actuosa» der Gläubigen. In Ritualien liess man zunehmend den Gebrauch der Landessprache zu, 1951 wurde die Osterliturgie und 1955 die Karwochenliturgie reformiert.

Die Zeit für eine allgemeine und grundsätzliche Neuordnung der Liturgie läutete das von Papst Johannes XXIII. (Papst von 1958 bis 1963) unerwartet ausgerufene Zweite Vatikanische Konzil ein. Die Liturgiekonstitution «Sacrosanctum Concilium» vom 4. Dezember 1963 war das erste und für die Gläubigen wohl das wichtigste Dokument des Zweiten Vatikanischen Konzils – nach Jahrhunderten der tridentinisch gefeierten Klerikerliturgie eine deutliche Zäsur. Sie basiert auf der «Verheutigung» der kirchlichen Lehre, insbesondere der Ekklesiologie. Die Kirchenkonstitution «Lumen Gentium» vom 21. November 1964 betont die Gleichheit aller Gläubigen und interpretiert, auf der Grundlage einer Volk-Gottes-Theologie, die Liturgie als Versammlung aller Gläubigen. Die durch die beiden genannten Konzilskonstitutionen erneuerte Liturgie, welche das liturgische Mitfeiern aller anstrebte, hatte Anpassungen der Kirchenräume und der Kirchenarchitektur zur Folge. Da die Wiederherstellung der christlichen Einheit eines der Hauptziele des Konzils war, eröffnete sich für den Kirchenbau auch eine ökumenische Perspektive.

Die 1964 veröffentlichte Instruktion «Inter oecumenici/Die Erstlingsgaben des Konzils» nennt für die Anpassung des Kirchenraums an die neue Liturgie einige Prinzipien: Der Altar soll sichtbarer Mittelpunkt des Kirchenraums sein, es ist erlaubt, am Altar versus populum zu zelebrieren, der Tabernakel ist örtlich vom Zelebrationsaltar zu trennen, in der Nähe des Altars soll ein Ambo für die Wortverkündigung aufgestellt werden, die Kanzel wird dadurch überflüssig. Weitere wichtige Errungenschaften des Konzils sind die Erlaubnis, bei der Feier der Messe neben Latein auch die Volkssprache zu benutzen, sowie die Öffnung der Kirche zur Moderne und damit auch zur modernen Kunst und Architektur.[2] Die Grundordnung des Römischen Messbuchs schreibt seither vor, dass die Kirchen für die Liturgie und für eine tätige Teilnahme der Gläubigen geeignet sein müssen.[3] In Sachen Kirchenbau und Kirchenrenovationen war das Feld nun für Neues offen, ohne dass detaillierte Vorschriften gemacht wurden. Das neue Liturgieverständnis wirkte sich unmittelbar auf den Kirchenbau und die Gestaltung der Kirchen aus.

Die Liturgische Bewegung und der moderne Kirchenbau in der Schweiz

Die Liturgische Bewegung war in der Schweiz zunächst weniger spürbar als in Deutschland, Frankreich oder Österreich. Sie beeinflusste aber durchaus den Kirchenbau und die Kirchenkunst schon vor dem Zweiten Weltkrieg. Wichtig wurde sie dann aber in den 1950er-Jahren, was u. a. daran zu erkennen ist, dass 1953 das Dritte Internationale Liturgische Treffen in Lugano stattfand und 1956 an der Theologischen Fakultät der Universität Freiburg/Schweiz ein Lehrstuhl für Liturgiewissenschaften eingerichtet wurde, wo sich die Bemühungen um die liturgische Erneuerung in Zusammenarbeit mit der Liturgischen Kommission der Schweizer Bischofskonferenz und dem 1963 gegründeten pastoral ausgerichteten Liturgi-

---

2 «Inter oecumenici». Die Erstlingsgaben des Konzils, in: Heinrich Rennings (+) unter Mitarbeit von Martin Klöckener (Hg.), *Dokumente zur Erneuerung der Liturgie*. Bd. 1: Dokumente des Apostolischen Stuhls 1963–1973 und des Zweiten Vatikanischen Konzils, Kevelaer: Butzon & Bercker/Freiburg Schweiz: Universitätsverlag, ²1983, 102–138, hier 133–138: 5. Kapitel: Die rechte Gestaltung von Kirchen und Altären im Hinblick auf eine bessere tätige Teilnahme der Gläubigen.
3 *Römisches Messbuch. Allgemeine Einführung*, Nr. 279 f. (1975/1983); *Grundordnung des Römischen Messbuchs*, Nr. 288 f. (2007).

Abb. 27: Birsfelden, Bruder Klaus, 1955–1958, Hermann Baur

schen Institut der Schweiz bündelten. Der erste Lehrstuhlinhaber, der spätere Basler Bischof Anton Hänggi, sein Nachfolger Jakob Baumgartner und der gegenwärtige Lehrstuhlinhaber Martin Klöckener waren und sind in der Schweiz für die Liturgiereform und deren Weiterführung wichtige Stimmen. Darüber hinaus war Anton Hänggi vor, während und nach dem Zweiten Vatikanischen Konzil auch in die Vorbereitungen und die Durchführung der gesamtkirchlichen Liturgiereform eingebunden, zuerst als Konsultor an der Ritenkongregation und als Bischof in der Gottesdienstkongregation.[4] Zu nennen sind weiter der Gründungspräsident der Basler Liturgischen Kommission, Pfarrer Paul Schwaller (1928–2020)[5], und, stellvertretend für aktive Priester im Bistum Chur, Eugen Egloff.[6]

---

4 Stephan Leimgruber, «Anton Hänggi (1917–1994). Liturgiewissenschaftler und Bischof von Basel», in: Angela Berlis, Stephan Leimgruber und Martin Sallmann (Hg.), *Aufbruch und Widerspruch. Schweizer Theologinnen und Theologen im 20. und 21. Jahrhundert*, Zürich: Theologischer Verlag Zürich, 2019, 514–525.

5 Birgit Jeggle-Merz macht die vorbildliche und systematische Rezeption und Umsetzung der Liturgiereform im Bistum Basel vor allem an Anton Hänggi und Paul Schwaller fest: Birgit Jeggle-Merz, «Die Umsetzung der Liturgiekonstitution Sacrosanctum Concilium in der deutschsprachigen Schweiz», in: Martin Klöckener, Birgit Jeggle-Merz und Peter Spichtig (Hg.), *«Die sichtbarste Frucht des Konzils». Beiträge zur Liturgie in der Schweiz*, Freiburg/Schweiz: Academic Press 2015, 156–171, hier 163–170.

6 Franz Demmel, «Vom Herrn abberufen. Pfarrer Eugen Egloff, Zürich», in: *SKZ*, 139, 1971, Nr. 40, 748 f.

Abb. 28: Sarnen, Kollegiumskirche St. Martin, 1964–1966, Joachim Naef, Ernst Studer und Gottlieb Studer

Ein Katalysator der Liturgieerneuerung war in der Schweiz die bereits 1924 in Olten gegründete Schweizerische St. Lukasgesellschaft/Societas Sancti Lucae (SSL). Der Verein suchte gemäss Gründungsstatut «durch Zusammenarbeit des schweizerischen katholischen Klerus mit der Künstlerschaft und Freunden zeitgenössischer kirchlicher Kunst, durch Vertreibung guter religiöser Kunst zur Hebung des künstlerischen Empfindens im Volke» beizutragen, sei dies durch Ausstellungen, Wettbewerbe, religiöse Tagungen und Publikationen. Die ab 1945 weitgehend auf die Deutschschweiz ausgerichtete SSL beanspruchte bis zum Zweiten Vatikanischen Konzil sozusagen das Monopol in Fragen kirchlicher Architektur und Kunst in der Schweiz. Vor allem zwischen 1930 und 1960 erwarb sie sich grosse Verdienste im Bereich des modernen, liturgiegerechten Kirchenbaus, der eine internationale Ausstrahlung hatte. Auch nach dem Konzil setzte sich die SSL erfolgreich für künstlerisch einwandfreie, liturgiegerechte Kirchenbauten und Umgestaltungen der Altarräume ein. Sie veröffentlichte zahlreiche Publikationen und führte Ausstellungen durch, die auf grosse Resonanz stiessen.[7] Einzelne Per-

---

7   Walter von Arx, «Nachkonziliare Liturgiereform in der deutschsprachigen Schweiz», in: Martin Klöckener und Benedikt Kranemann (Hg.), *Liturgiereformen. Historische Studien zu einem bleibenden Grundzug des christlichen Gottesdienstes, Teil II: Liturgiereformen seit der Mitte des 19. Jahrhunderts bis zur Gegenwart*, Münster: Aschendorff Verlag, 2002, 847–860, hier 847–853; zum Kirchenbau siehe auch: Guido Muff, «Inexistenz einer Schweizer Liturgischen Bewegung?»,

sönlichkeiten wie etwa Alois Müller waren über Jahrzehnte massgebend und sehr aktiv. Als international anerkannter Theologe mit reicher pastoraler Erfahrung trug Müller als Priester dezidiert zur Umsetzung des Zweiten Vatikanischen Konzils in der Schweiz bei, organisierte Ausstellungen, stand in einem breiten Dialog mit modernen Sakralkünstlern wie Ferdinand Gehr und war 1977–1983 Präsident der Lukasgesellschaft.[8]

Gleich nach der Veröffentlichung der Liturgiekonstitution veröffentlichte der Zürcher Pfarrer Eugen Egloff 1964 eine Publikation zum Thema «Liturgie und Kirchenraum», in der er die wichtigsten Prinzipien der Liturgiereform festhielt: Die Anbetung der Eucharistischen Gaben ist nicht der Höhepunkt, sondern die Vorstufe der Messteilnahme; die Messe ist nicht allein Opfer, sondern auch Gastmahl; das Mahl der Gemeinde ist Opferteilnahme der Gläubigen. Für den Kirchenraum bedeutete dies das Abrücken von der Wegekirche und die Hinwendung zum Zentralbau, der stärker den Gedanken der Gemeinschaft betont. Der Priester wendet sich neu der um den Altar versammelten Gemeinde zu und nicht mehr wie früher dem auf dem Altar stehenden Tabernakel. Der Tabernakel wird, wo dies möglich ist, auf einen Seitenaltar verlegt. Die aktive Teilnahme der Gläubigen schliesst das gleichzeitige Lesen mehrerer Messfeiern im Kirchenraum aus. Egloff zieht am Schluss seiner Publikation das Fazit: «Wohl keine Zeit hat so viele Kirchen gebaut wie die unsere. Noch keine Zeit hat eine so tiefgreifende Erneuerung der Liturgie erlebt wie die unsere.»[9]

Der Kirchenbau erlebte nach 1950 in der Schweiz einen bis dahin nie dagewesenen Boom, wobei von den rund 1000 zwischen 1950 und heute gebauten Kirchen fast drei Viertel römisch-katholische Sakralräume sind.[10] Die starke Zunahme der römisch-katholischen Bevölkerung, grosse Wanderungsbewegungen aus den ländlichen katholischen Stammlanden in die reformierte städtische Diaspora – wo die Inländische Mission den Bau von Kirchen und den Aufbau von Pfarreien

---

in: Bruno Bürki und Martin Klöckener (Hg.), *Liturgie in Bewegung*, Freiburg Schweiz: Universitätsverlag; Genève: Labor et Fides, 2000, 130–139, hier 132–135; einen gerafften historischen Überblick über die SSL bietet: Fabrizio Brentini, *Die Schweizerische St. Lukasgesellschaft Societas Sancti Lucae SSL 1924–1986*, Luzern: Schweizerische St. Lukasgesellschaft, 1987 (mit Publikationsverzeichnis); zur SSL heute: www.lukasgesellschaft.ch [7.7.2021].

8 Alois Müller, der 1951–1962 in verschiedenen Funktionen als Geistlicher im Raum Solothurn wirkte, organisierte unter dem Protektorat von Bischof Franziskus von Streng zwei Ausstellungen: die erste 1957 in Solothurn («gold und gewand in der Kirche»), zusammen mit dem Medienpädagogen Stefan Portmann, dem Mitinitianten der Solothurner Filmtage, die zweite 1958 in Langendorf («sakrale Kunst»), zusammen mit dem Solothurner Architekten Franz Füeg; zu Alois Müller: Iso Baumer, Artikel «Müller, Alois», in: *Historisches Lexikon der Schweiz*, Bd. 8, 805; Brentini 1987 (Anm. 7), 8, 11–13; Fabrizio Brentini, *Bauen für die Kirche. Katholischer Kirchenbau des 20. Jahrhunderts in der Schweiz*, Luzern: Edition SSL, 1994, 133, 214, 224.

9 Eugen Egloff, *Liturgie und Kirchenraum. Prinzipien und Anregungen*, Zürich: NZN Verlag, 1964, 56.

10 Siehe dazu die «Datenbank moderner Kirchenbau in der Schweiz» auf der Webseite des Schweizer Kirchenbautags: https://www.schweizerkirchenbautag.unibe.ch [7.7.2021]

Abb. 29: Langendorf, Ökumenisches Kirchenzentrum, 1967–1971, Manuel Pauli

unterstützte –[11] und eine durch die Weltkriege kaum beschädigte Wirtschaft sind die wichtigsten Gründe für den Bauboom. Der moderne Kirchenbau war – zusammen mit der Einführung der Volksaltäre auch in bereits bestehenden Kirchen – ein bedeutender Katalysator für die Liturgiereform. Dass diese zum Teil unreflektiert und oberflächlich eingeführt wurde, sei nicht verschwiegen.[12]

11 Urban Fink, *Schweizer Katholizismus in Bewegung. 150 Jahre Inländische Mission*, Zug: Inländische Mission, 2013. Im Archiv der Inländischen Mission, das gegenwärtig geordnet und ins Staatsarchiv Luzern überführt wird, wo es ab 2022 eingesehen werden kann, finden sich rund 120 Dossiers von Kirchenbauten nach 1945. Diese wurden von Johannes Stückelberger und Lena Pflüger für die «Datenbank moderner Kirchenbau in der Schweiz» ausgewertet. Die zwischen 1864 und 1953 sehr umfangreichen Jahresberichte der Inländischen Mission mit Berichten über viele Kirchenbauten werden in absehbarer Zeit unter www.e-periodica.ch digital zugänglich gemacht.
12 Der öffentlichen Umgestaltung entsprach nach P. Gregor Jäggi OSB die innere Revolution (P. Gregor Jäggi OSB, *Das Bistum Basel in seiner Geschichte, Bd. III: Die Moderne*, Strasbourg: Ed. Du Signe, 2013, 56–60, hier 58, mit einer kurzen Darlegung der Umwälzungen und der damit verbundenen Chancen, Schwierigkeiten und Verluste. Siehe auch: Jeggle-Merz 2015 (Anm. 5), 168–171, mit dem wichtigen Hinweis, dass die Liturgiereform mit einem massiven gesamtgesellschaftlichen Mentalitätswandel zusammenfiel, der einer Verinnerlichung der Liturgiereform hinderlich war. Gemäss Anton Cadotsch führten nicht selten Seelsorger die Liturgiereform mit einer «vorkonziliären Gehorsamshaltung» ohne genügend Erläuterungen und Katechese durch, was die Verinnerlichung ebenfalls erschwerte (ebd., 170).

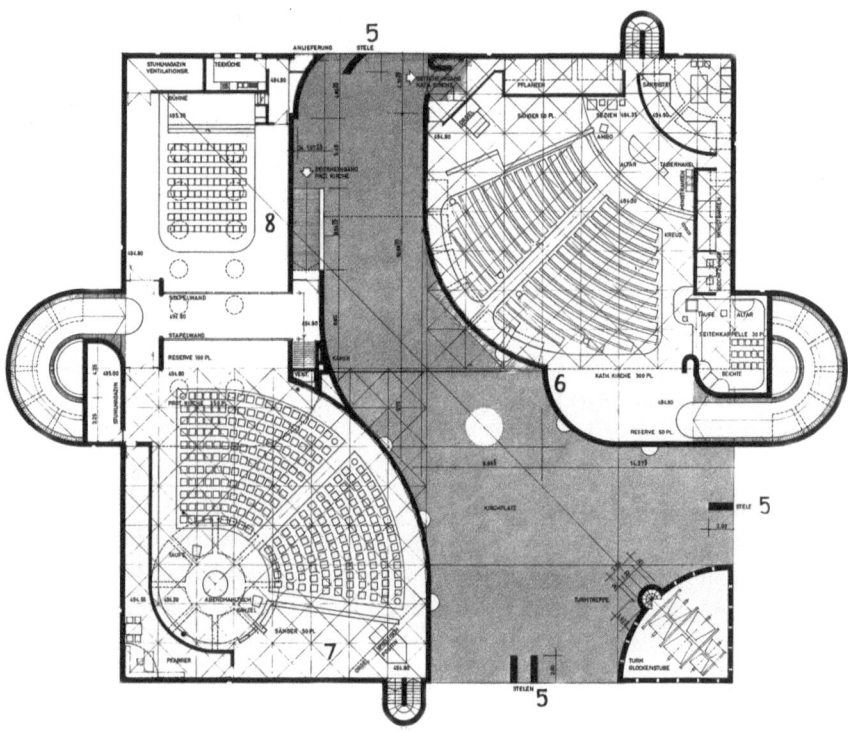

Abb. 30: Langendorf, Ökumenisches Kirchenzentrum, Grundriss, 1967–1971, Manuel Pauli. Ziffern: 5 Stelen an den Eingängen des Wegs, der durch das Zentrum führt. 6 Katholischer Kirchenraum. 7 Reformierter Kirchenraum. 8 Saal

1973 – noch vor der Publikation der Ergebnisse der Synode 72 – gab die Pastoralplanungskommission der Schweizer Bischofskonferenz die Schrift «Bau von kirchlichen Zentren» heraus, deren Autor Alois Müller war. Darin wurden die hohen Kosten für den Kirchenbau und die damit verbundene Verantwortung und die Frage nach der Nutzung der Kirchen thematisiert, was nach den gesellschaftlichen Veränderungen nach 1968 auf einen Paradigmenwechsel in den 1970er-Jahren hinweist: Die Kirche wurde nicht mehr ausschliesslich als Kultort und Sakralraum gesehen, sondern als funktionaler Versammlungsraum für Mehrfachnutzungen. Auch die hohen Kosten des Kirchenbaus wurden hinterfragt.[13] So sprach sich die Synode 72 im Bistum Basel dafür aus, dass die Aufwendungen für den Kirchenbau in einem verantwortbaren Verhältnis zu den Aufgaben in der

---

13 Vgl. *Was ist beim Bau von kirchlichen Zentren zu beachten? Empfehlungen und Richtlinien zum Pfarreizentrenbau*, hg. von der Pastoralplanungskommission im Einverständnis mit der Schweizer Bischofskonferenz, St. Gallen: PPK, 1. Auflage: Oktober 1973, 2. ergänzte Auflage: April 1977.

Gemeinde und zur Not in der Welt stehen müssten.[14] Auf der Basis solcher Forderungen wurden in den 1970er-Jahren statt monumentaler Kirchen vorzugsweise multifunktionale Kirchgemeindezentren errichtet, die sich in die Quartiere integrieren wollten.[15] In den gleichen Jahren intensivierten die öffentlich-rechtlich anerkannten Kirchen in der Schweiz den ökumenischen Dialog, was den Bau von ökumenischen Kirchenzentren erleichterte. Die Synode 72 im Bistum Basel befürwortete diese ausdrücklich.[16] Gegen Ende der 1970er-Jahre stagnierte der Kirchenbau weitgehend. Der Innovationsschub des Konzils verlor an Kraft.

Auswirkungen der Liturgiereform auf den modernen Kirchenbau

Welche Auswirkungen die Liturgiereform auf den modernen Kirchenbau hatte, sei im Folgenden an ein paar Beispielen gezeigt. Der Kirche St. Felix und Regula in Zürich, die 1950 – also vor dem Konzil – erbaut wurde, kommt dabei eine europaweite Bedeutung zu (Abb. 25, 26 und 78). Der Architekt Fritz Metzger wollte mit einem zentrierenden Raum die Gläubigen näher an den Altar heranführen, was das Mitfeiern lebendiger und den Kontakt zu den Mitgläubigen besser spürbar machen sollte.[17] Fabrizio Brentini spricht von einer «Gemeinschaftsgestalt», die den Geist der Brüderlichkeit trägt, im Unterschied zur Wegordnung der Längskirchen mit ihrer anonymeren «Gefährtschaft».[18] Mit der Freistellung des wuchtigen Blockaltars von Albert Schilling, unter Absehung der bisher üblichen Anlehnung des Hochaltars an die Chorwand, nahm der Architekt die Forderungen der Liturgiereform des Zweiten Vatikanischen Konzils bereits 1950 vorweg. So musste nach dem Konzil nur noch der Tabernakel vom Haupt- auf einen Seitenaltar verlegt werden. Mit der Schaffung eines gerichteten und gleichzeitig zentrierten Kirchenraums wollte Metzger die Dualität der katholischen Liturgie, die Versammlung um den Altar und die Ausrichtung auf diesen adäquat umsetzen. Der Altar wurde zur geistigen Mitte. Die Ausstrahlung der Kirchen von Fritz Metzger war gross und löste die Abkehr vom Typus der Wegekirche aus.

1955 wurde in der Erzdiözese Besançon die Wallfahrtskirche Notre-Dame du Ronchamp eingeweiht. Hermann Baur, der neben Fritz Metzger bedeutendste Schweizer Kirchenarchitekt des 20. Jahrhunderts, sah mit Ronchamp die Kirchenarchitektur in eine neue Phase eintreten und er wendete die neue, oftmals auch stark

14 Synode 72, Diözese Basel, Bd. II: *Gebet, Gottesdienst und Sakramente im Leben der Gemeinde*, Februar 1975, 12.5.6.
15 Brentini 1994 (Anm. 8), 224–235.
16 Synode 72, Diözese Basel, Bd. IV: *Kirche heute*, Juni 1975, 8.10. Zum Thema ökumenische Kirchenzentren siehe auch: Brentini 1994 (Anm. 8), 236–243.
17 Zur Bedeutung der Kirche St. Felix und Regula: Brentini 1994 (Anm. 8), 119–127.
18 Ebd., 127.

Abb. 31: Rüttenen, Kirchenzentrum, 1977–1979, Werner Egli, Robert Obrist, Hans Rohr. Künstlerische Ausstattung von Samuel Buri, Roman Candio, Gunter Frentzel, Jean Maboulès, Kurt Sigrist und Hannes Vogel

kritisierte Art des Bauens 1958–1959 bei seiner Bruderklausenkirche in Birsfelden an (Abb. 27). Er übernahm die indirekte Lichtführung im Chorraum, den Schalencharakter der aussen in Sichtbeton belassenen Bauteile und die unregelmässige Perforierung der Kirchenfassade. Andere taten es ihm gleich, Ronchamp wurde wiederholt rezipiert, die Nachwirkungen können in der Schweiz als am grössten bezeichnet werden. Aber es gab auch massive Kritik. Insbesondere wurde kritisiert, dass der Ronchamp-Stil den sakralen Charakter der Kirche vermissen lasse.[19]

Vollends in die Konzilszeit fällt der Bau der Kollegiumskirche St. Martin in Sarnen von 1961–1962 (Abb. 28). Die Anforderungen an die Wettbewerbsteilnehmenden waren hoch, weil der seltene Fall einer Gemeinde- und Mönchskirche gelöst werden musste. Die Kirche sollte Platz bieten für 80 Ordensmitglieder, 500 Schüler und bis gegen 80 Sänger, für 14 Altäre für Einzelzelebrationen, für zwei Altäre im Kirchenraum, für die Sänger und die Orgel, dazu für sechs Beichtstühle. Der Entwurf, der aus dem zweistufigen Verfahren als Sieger ausgewählt wurde, stammte vom jungen Architekten Ernst Studer (1931–2001), der stark von den Arbeiten Le Corbusiers beeinflusst war. Die Kollegiumskirche ist aber nicht einfach eine Nachahmung von Ronchamp, sondern als Zentralbau eine eigenständige Leistung von grosser spiritueller Ausdruckskraft. Der wuchtige Blockaltar

19 Ebd., 139–145.

wurde freistehend und umschreitbar gestaltet. Die Kirche stiess auf eine grosse Resonanz. Hermann Baur nannte sie einen «Markstein von säkularer Bedeutung» und sah sie als ein Zeichen dafür, dass mönchischer Geist und Modernität sich nicht ausschliessen.[20]

Zentralbauten schuf auch Walter Maria Förderer. Von der Bildhauerei herkommend, interpretierte er die Kirchen als skulpturale Gebilde, für die er rohen Beton («béton brut») verwendete. Die Grundrisse der von ihm entworfenen sieben Kirchen, unter denen diejenige in Hérémence besonders hervorsticht, folgen alle dem gleichen Prinzip, indem er die Bänke arenaartig um den liturgischen Bereich herum anordnete und auf eine Trennung von Chor und Schiff verzichtete (Abb. 71 und 80). Dieser Anordnung folgen auch die um den Gottesdienstraum herum gebauten weiteren Raumeinheiten wie Pfarrhaus, Pfarreisaal, Versammlungsräume, Vorhof und Turm. Förderers Kirchgemeindezentren haben die Anmutung heiliger Bezirke.[21]

1971 wurde in Langendorf das erste ökumenische Kirchenzentrum der Schweiz eingeweiht. Schon 1964 stand der Bau eines gemeinsamen Turms und zweier Kirchen zur Diskussion. Der 1965 durchgeführte gesamtschweizerische und interkonfessionelle Wettbewerb war mit 125 Eingaben enorm erfolgreich. Der 1967 ausgewählte ausgeklügelte Entwurf von Manuel Pauli wurde 1970–1971 umgesetzt (Abb. 29 und 30). Zwischen der römisch-katholischen und der reformierten Kirche führt auf der Parzellengrenze ein öffentlicher Weg hindurch. Die beiden Gebäude werden als Einheit wahrgenommen, verbunden durch den Kirchturm und den gemeinsamen Kirchplatz. Die beiden Gottesdiensträume, die man je über eine Rampe aus dem Untergeschoss erreicht, haben einen identischen Grundriss, womit auf das Gemeinsame der beiden Konfessionen verwiesen wird, während die leicht unterschiedlichen Ausstattungen die Unterschiede sichtbar machen.[22]

Das, was in der Publikation der Pastoralplanungskommission von 1973 bzw. 1977 angetönt wurde – der Abschied vom monumentalen Kirchenbau, vom kirchlichen Triumphalismus und vom rein konfessionellen Denken – wurde 1979 im Kirchenzentrum in Rüttenen im Kanton Solothurn umgesetzt (Abb. 31). Gebaut wurde es gemeinsam von der Einwohnergemeinde, der Bürgergemeinde und der römisch-katholischen Kirchgemeinde. Die Architekten Werner Egli, Robert Obrist und Hans Rohr teilten den Baugrund in vier Segmente ein. Im Westen beherbergt ein schmaler und langer Trakt mehrere Gruppenräume, Dienstwohnungen und einen Aufbahrungsort. Im östlichen Teil ist ein grosser Raum, der durch Schiebe-

---

20 Lukas Zurfluh, *Raum, Körper und Licht. Die Kirche St. Martin des Benediktinerkollegiums in Sarnen (1961–1966)*, Zürich: Chronos, 2016; vgl. auch Brentini 1994, (Anm. 8), 145.
21 Zu den Kirchenzentren von Förderer: ebd., 162–178.
22 Johannes Stückelberger, «Ökumenischer Kirchenbau als Folge der Liturgiereformen nach 1960», in: Klöckener, Jeggle-Merz und Spichtig (Hg.) 2015 (Anm. 5), 339–361, hier 346–348; Josef Altermatt, Andreas Schneiter und Manuel Pauli, *Kirchliches Zentrum Langendorf*, München/Zürich: Schnell & Steiner, 1981.

Abb. 32: St. Gallen, Kathedrale, Neugestaltung des liturgischen Bereichs, 2013, Caruso St John Architects

wände in eine Kapelle sowie in einen grossen und einen kleinen Saal unterteilt werden kann. Im Süden steht als eine Art Tor ein dreiteiliges Eisengerüst mit dem Glockenspiel und im Norden befinden sich Alterswohnungen. Sechs Kunstschaffende akzentuierten einzelne Orte des Kirchenzentrums, sodass die christliche Tradition mit den Erscheinungsformen der aktuellen Kunst verbunden ist. Das Kirchenzentrum mit Mehrfachnutzung, das auch der evangelisch-reformierten Kirche Gastrecht bietet, wurde in das Wegnetz der ganzen Gemeinde einbezogen und bildet seither das Zentrum des Dorfkerns.[23]

---

23 Klaus Pressemann (Red.), *Kirchliches Zentrum Rüttenen*, Rüttenen: Kirchgemeinde St. Niklaus, 1980; Brentini 1994 (Anm. 8), 228–229; 25 Jahre nach der Einweihung hinterfragte Josef Zimmermann das Konzept, da die Kirche und die Alterswohnungen weniger besucht und gesucht waren als erhofft: Josef Zimmermann, «Rüttenen geht eigene, neue Wege», in: Einwohner- und Bürgergemeinde Rüttenen (Hg.), *Rüttenen, ein Platz an der Sonne*, Rüttenen: Gemeindeverwaltung, 2003, 111–115.

Aktuelle Anpassungen vorkonziliärer Kirchen

In den meisten vorkonziliären Kirchen wurde der Forderung des Zweiten Vatikanischen Konzils, den Altar freizustellen, zunächst mit Provisorien Genüge getan. Bisweilen blieben diese Provisorien über mehrere Jahrzehnte unverändert, so u. a. auch in der Kathedrale St. Gallen sowie, eingeschränkt, in der St.-Ursen-Kathedrale in Solothurn. In St. Gallen wurde im Zuge der grossen Innenrestaurierung in den 1960er-Jahren vor dem Chorgitter ein provisorischer Ort für Ambo und Altar geschaffen. Mehrere Anläufe für eine definitive Lösung versandeten, erst 50 Jahre später, 2013, wurde mit dem aus einem Wettbewerb hervorgegangenen Projekt von Caruso St John eine definitive Lösung gefunden und umgesetzt (Abb. 32). Seither wird die Eucharistie in der Mitte der Kathedrale, unter der Rotunde, gefeiert. Altar, Ambo und Sedilien stehen auf einer Altarinsel aus mehreren konzentrischen, oval ausgeformten Stufen mit floralen Elementen. Im Vorfeld der Umsetzung gab es intensive Diskussionen, in denen der Kunsthistoriker Johannes Stückelberger auch die Frage nach der Theologie aufwarf. So erachtete er die Unterlagen, welche den eingeladenen Kunstschaffenden im Hinblick auf die Eingabe eines künstlerischen Projekts übergeben wurden, als theologisch unzureichend. Die Auftraggeber sollten ihre Auffassung des liturgischen Geschehens sowie ihr Bild von Kirche den Künstlerinnen und Künstlern unbedingt mitteilen, damit ein Dialog zwischen der Kirche und den Gestalterinnen und Gestaltern zustande kommen könne. Auch müsse die theologische Aussage der Projekte ein Beurteilungskriterium sein.[24] Anlass zur Kritik gab auch ein geplanter goldener Ring über dem Altar, der vom Volksmund als Hula-Hoop-Reifen bezeichnet wurde und zweifellos den Altarraum zu stark vom Schiff abgegrenzt und den Himmel in der Kuppel verdoppelt hätte. Nach etlichen Diskussionen verzichtete man auf den goldenen Ring über dem Altar, baute den neuen Altarbereich grösser und zog ihn weiter in das Kirchenschiff hinein als ursprünglich geplant. Das im Nachgang zur Chorraumrenovation erschienene Buch über die Kathedrale St. Gallen beschreibt diese auch unter theologischen Gesichtspunkten, und das Schlussresultat kann als gelungen bezeichnet werden.[25]

Weit schwieriger war die Ausgangslage nach dem Brandanschlag vom 4. Januar 2011 in der St.-Ursen-Kathedrale in Solothurn. Die römisch-katholische Kirchgemeinde Solothurn als Eigentümerin der Kathedrale entschied sich zu

---

[24] Johannes Stückelberger, «Wo bleibt die Stimme der Theologie? Studienauftrag für eine Neugestaltung des Altarraums in der Kathedrale St. Gallen», in: *Werk, Bauen + Wohnen*, 98, 2011, Heft 4, 52–54.

[25] Florian Zierer und Beat Grögli, «Der neue liturgische Bereich», in: Josef Grünenfelder (Hg.), *Die Kathedrale St. Gallen. Das spätbarocke Bauwerk und seine Ausstattung*, St. Gallen: Verlag am Klosterhof, 2017, 217–221.

Liturgie- und Gemeindeverständnis im modernen katholischen Kirchenbau 57

Abb. 33: Solothurn, St. Ursen-Kathedrale, «l'ultima cena», Neugestaltung des liturgischen Bereichs, 2012, Gestaltung: Judith Albert, Ueli Brauen, Gery Hofer, Doris Wälchli

einer Gesamtinnenrestaurierung unter Einbezug des Chorraums. Den fünf zu einem Wettbewerb eingeladenen Künstlerinnen und Künstlern war der Chorraum nur eingerüstet zugänglich, und die Gestaltungsfreiheit war aufgrund der engen Vorgaben der Denkmalpflege eingeschränkt. Die Verantwortlichen wählten aus den vier eingegebenen Projekten «l'ultima cena» des Künstlerteams um Judith Albert aus (Abb. 33). Der von Albert gestaltete wuchtige Altarblock aus weissem Marmor mit der Imitation eines Tischtuchs ist eine Reminiszenz an das berühmte Bild von Leonardo da Vinci mit Jesus und seinen Jüngern beim Abendmahl. Um diesen weissen Block besser zur Geltung zu bringen und die alten Proportionen des Chorraums wiederherzustellen, wurde die von Bischof Anton Hänggi 1970 veranlasste Chorraumerhöhung um zwei Treppenstufen rückgängig gemacht.²⁶ Der 2011 freigelegte Chorraumboden aus der Anfangszeit der St.-Ursen-Kirche wurde nicht im Ursprungszustand belassen, vielmehr hat man die grossen weissen Bodenplatten nun schwarz bemalt und die kleinen, vorher gelben Vierecke weiss. Der inverse dunkle Boden sollte so einen besseren Kontrast zum weissen Marmoraltar ermöglichen. Ausserdem wurde die unterste Treppenstufe vor dem Chor und vor dem Hauptalter mit einer Goldleiste versehen, was den Chor noch mehr vom Kirchenschiff trennt. Sowohl der Projektbeschrieb der Künstlerin wie auch der Jurybericht begründen die Auswahl und die Umsetzung von «l'ultima cena» allein aus künstlerischer Sicht, zwar religiös gefühlt, aber nicht theologisch reflektiert.²⁷

Eine Gruppe um Weihbischof Martin Gächter, Stadtpfarrer Paul Rutz, Roman Candio und dem Autor wünschte eine Entschleunigung der Chorraumgestaltung und eine inhaltliche Diskussion. Sie warnte vor der Tieferlegung des Chorraumbodens und der damit verbundenen schlechteren Sicht der Gläubigen auf den Altar und sprach sich gegen die künstlerisch motivierte sakrale Überhöhung des Chorraums aus, mit der Begründung, sie verstosse gegen das wichtige Prinzip, dass der Kirchenraum als ganzer, Schiff und Chor umfassend, der *eine* Feierraum des Volks Gottes sei. Jeglicher Anschein einer vorkonziliären Trennung von Klerus und Volk müsse vermieden werden. Roman Candio wies ausserdem darauf hin, dass die Bezugnahme auf Leonardo da Vincis Abendmahl auch als Parodie aufgefasst werden könne.²⁸ Der Versuch der Gruppe, eine öffentliche Diskussion in Gang zu bringen, scheiterte am engen Zeitplan und am fehlenden Willen der Verantwortlichen zu einer Diskussion.²⁹

---

26 Bischof Anton Hänggi war es 1970 ein grosses Anliegen, durch die Erhöhung des Chorraumbodens die Sicht der Gläubigen auf den Chorraum zu verbessern und die Trennung zwischen Chor und Schiff zu überwinden. Der ursprüngliche Boden wurde konserviert und mit grauem Stein überdeckt, um zu verdeutlichen, dass Chor und Schiff zusammengehören und der gemeinsame Boden für die eine feiernde Gemeinde sind; zur St.-Ursen-Kathedrale vgl.: Johanna Strübin und Christine Zürcher, *Die Kunstdenkmäler des Kantons Solothurn, Bd. IV, Die Stadt Solothurn III, Sakralbauten*, Bern: Gesellschaft für Schweizerische Kunstgeschichte GSK, 2017, 40–157, hier 90.

27 Vgl. Judith Albert, Ueli Brauen, Gery Hofer und Doris Wälchli, «L'ultima cena», in: Benno Mutter (Red.), *Die Innenrestaurierung der Kathedrale St. Urs und Viktor in Solothurn 2011/12*, Solothurn: Kantonale Denkmalpflege, 2013, 115–122; Marianne Gerny-Schild und Karl Heeb, «Der Wettbewerb zur Neugestaltung des Chorraumes», in: Ebd., 103–112. Die Bodengestaltung ist mit der inversen Bemalung des Chorraums kein Rückgriff auf den Ursprungszustand – was aus denkmalpflegerischer Sicht noch irgendwie begründbar wäre –, sondern allein künstlerisch bedingt.

28 Karl Heeb und Roman Candio, «Pro und Kontra: Was ist von ‹Leonardo›, dem Siegerprojekt für die geplante Chorraumgestaltung in der St.-Ursen-Kathedrale zu halten?», in: *Solothurner Zeitung*, 23. Februar 2012, 22.

29 Wolfgang Wagmann, «Der Weihbischof gegen die Wetterfee. St.-Ursen-Kathedrale: Die Chorraum-Neugestaltung stiess auf Opposition, wurde aber abgesegnet», mit Kommentar: «Ein Segen», in: *Solothurner Zeitung*, 29. Februar 2012.

Abb. 34: Münchenstein, St. Franz Xaver, 1932, Willy Meyer und Alban Gerster. Neugestaltung 2019 durch Flubacher Nyfeler Partner

Als drittes Beispiel sei noch die Pfarrkirche Franz-Xaver in Münchenstein genannt. In dieser unter erschwerten wirtschaftlichen Bedingungen erbauten und 1932 eingeweihten Kirche wurde 1970/1971 der Altar vom Chor in die Mitte des Schiffs und die Orgel von der Empore in den nun liturgisch nicht mehr gebrauchten Chor verlegt sowie die Ausrichtung der Bänke um 90 Grad gedreht, sodass aus der Wegekirche ein Zentralbau wurde.[30] Diese «Arena-Kirche» im Längsschiff der ursprünglichen Kirche gab schon seit der Umgestaltung Anlass zu Diskussionen. Anlässlich der Gesamtrestaurierung der Kirche im Jahre 2019 entschied man sich, wieder zur Wegekirche zurückzukehren, da die Gegebenheiten der Raumstruktur wieder besser berücksichtig und nicht «gegen» den Raum gefeiert werden soll (Abb. 34). Aufgrund der Liturgiereform wurde der Altar jedoch nicht wieder im Chor aufgebaut, sondern der Altarraum ins Kirchenschiff vorgezogen. Aus Kostengründen war es leider nicht möglich, die seit 1971 im Chor stehende Orgel wieder auf die Empore zu verlegen. Um das optische Gewicht der Orgel jedoch zu vermindern, wurde im Chorraum ein Kreuz platziert.

---

30 Brentini 1994 (Anm. 8), 272.

Die Umgestaltung in Münchenstein ist also nicht einfach eine Rückführung auf den Ursprungszustand, vielmehr eine Neuschöpfung, die einerseits Rücksicht nimmt auf die ursprüngliche Anordnung, andererseits die Anliegen der Liturgiereform einbezieht, den Gemeinschaftscharakter zu betonen und die tätige Teilnahme aller Getauften am Gottesdienst zu ermöglichen. Die gelungene Neugestaltung bietet dabei Freiraum für verschiedene Gottesdienstformen.[31]

Ausblick

Der römisch-katholische Kirchenbau der zweiten Hälfte des 20. Jahrhunderts ist durch eine Vielzahl von Neubauten mit einer enormen Vielfalt an Erscheinungsformen gekennzeichnet. In den Bauten spiegelt sich die geistige Grundhaltung der jeweiligen Zeit, die von einem Reichtum koexistierender Bilder und Vorstellungen geprägt ist.

Heute ist die Herausforderung im Kirchenbau eine andere. Statt neu zu bauen, wird über die Umnutzung von Kirchen nachgedacht, da es nicht mehr möglich sein wird, jedes bestehende Sakralgebäude aus eigenen Mitteln zu unterhalten und zu sanieren.[32] Umso wichtiger ist heute das Nachdenken über Sinn und Zweck der Sakralgebäude als Orten, die immer von Neuem mit Menschen belebt sein wollen und auch weiterhin öffentliche Orte sein sollen. Was immer man mit den Kirchen in Zukunft macht, es braucht Zeit für eine gute Planung und eine sorgfältige Durchführung, es braucht theologische Reflexion, ein Bewusstsein für die Geschichte und eine Affinität zur Kunst.[33] Eine Kirche ist mehr als ein Museum oder eine Galerie. Sie ist ein Ort des Gebets, ein Ort der Gemeinschaft, ein Ort der Gottesbegegnung, der Transzendenz, der Verinnerlichung und der Vergemeinschaftung, und sie soll auch ein Ort des Staunens sein. Kirchen sind als «Leerstellen» und Freiräume auch in der heutigen Gesellschaft nötig.[34] Sie sind eine Herausforderung und Einladung zugleich, den Alltag zu übersteigen, zu danken, zu bitten, zu beten und zu staunen.

---

31 Vgl. https://www.rkk-arlesheim-muenchenstein.ch/pfarrei-muenchenstein/sanierung-der-pfarrkirche-st-franz-xaver-und-neugestaltung-des-innenraumes/ [7.7.2021]
32 Die «Datenbank Kirchenumnutzungen» auf der Webseite des Schweizer Kirchenbautags erfasst jüngere Beispiele von Kirchenumnutzungen in der Schweiz. Ebd. eine umfassende Bibliographie zum Thema Kirchenumnutzungen. (https://www.schweizerkirchenbautag.unibe.ch/ [7.7.2021])
33 Vgl. Albert Gerhards, *Wo Gott und Welt sich begegnen. Kirchenräume verstehen*, Kevelaer: Butzon & Bercker, 2011; Hubert Halbfas, *Die Zukunft unserer Kirchengebäude. Problemlage und Lösungswege*, Ostfildern: Patmos, 2019.
34 Johannes Stückelberger, «Freiraum Kirche», in: *NIKE-Bulletin*, 31, 2016, Heft 4, 54–58.

Gestalt gewordene Theologie im modernen reformierten Kirchenbau

Katrin Kusmierz

Umbruch und Aufbruch: Kirche im Kontext der Nachkriegsjahre

«Das einzig Bleibende an unserer Situation ist die ständige Veränderung.»[1] So fassten Martin Girsberger, Paul Hotz und Robert Briner in einem Beitrag zum Kirchenbau im Kirchenblatt für die reformierte Schweiz 1968 die gegenwärtige Lage prägnant zusammen. Die späten Fünfziger- und besonders die Sechzigerjahre waren eine Zeit des Aufbruchs und Umbruchs. Autoritäten und Machtverhältnisse wurden hinterfragt, herkömmliche gesellschaftliche Ideale gerieten ins Wanken. An die Stelle hierarchisch geordneter sozialer Beziehungen traten partizipative, gemeinschaftliche Sozialformen. Gleichzeitig beschäftigte der Vietnamkrieg die Menschen, und die Rüstungsspirale des Kalten Kriegs drehte sich. Ehemalige Kolonien wurden unabhängig, und Martin Luther King und die amerikanische Bürgerrechtsbewegung forderten gleiche Rechte für Menschen unterschiedlicher Hautfarbe.

Kirche und Theologie blieben von diesen Entwicklungen nicht unberührt. Auch sie gehörten zu den Institutionen, die unter verstärktem Rechtfertigungsdruck standen und deren Deutungshoheit infrage gestellt wurde.[2] Schon zum damaligen Zeitpunkt wurde ein Rückgang der Beteiligung an kirchlichen Aktivitäten konstatiert, insbesondere am Gottesdienst. Die Zahl der Kirchenaustritte stieg «im Zuge der allgemeinen Traditionskritik» sprunghaft an.[3]

Beiträge und Diskussionen in zeitgenössischen kirchlichen Publikationsorganen zeigen, dass vielerorts ein Bewusstsein für die Notwendigkeit einer grundlegenden Kirchenreform vorhanden war. Der Basler Professor für Praktische Theologie, Walter Neidhart, zeigte sich wie viele andere Theologen und Theologinnen in einem Vortrag aus dem Jahr 1965 beunruhigt über die wachsende Kluft zwischen der Kirche und der sich radikal wandelnden Gesellschaft. Wie für viele

---

1 Martin Girsberger, Paul Hotz und Robert Briner, «Das Ende des Kirchenbaus», in: *Kirchenblatt für die reformierte Schweiz,* 18.1.1968, Heft 2, 19.
2 Vgl. Horst Schwebel, «Kirchenbau und Kirchliche Kunst», in: Gert Otto (Hg.), *Praktisch theologisches Handbuch,* Hamburg: Furche-Verlag, 1970, 290–304, 290: «Im Gefolge der seit 1966 einsetzenden Studentenunruhen wurden mit dem Angriff auf die Institutionen auch der Kirchenbau und die kirchliche Kunst mit in die Kritik einbezogen.»
3 Christian Grethlein, *Praktische Theologie,* Berlin: de Gruyter, 2016, 57.

andere Theologen und Theologinnen war für ihn evident, dass die Kirche «in ihrer Verkündigung und durch ihre Gestalt» auf diese Veränderungen reagieren muss.[4]

Die Diskussionen um kirchliche Reformen machten sich auch an aktuellen Kirchenbauprojekten fest, die in wachsender Zahl in den Jahrzehnten nach dem Zweiten Weltkrieg in Angriff genommen wurden. In der Architektur gewannen theologische Fragen seit jeher konkrete Gestalt. Die Neubauten wurden zum Anlass genommen, sich grundsätzlich über das eigene *Kirche-Sein* in der Gesellschaft oder «Welt» Gedanken zu machen. Es ging also wesentlich um ekklesiologische Fragen, d.h. um Fragen nach dem Wesen, dem Auftrag und der Funktion der Kirche im Kontext des gesellschaftlichen Wandels.[5]

Diese Diskussionen, wie sie auch im schweizerischen reformierten Kontext heftig geführt wurden, sind dabei eingebettet in einen breiteren theologischen Horizont, der die deutschsprachige protestantische Theologie, aber auch zeitgenössische Diskussionen in der römisch-katholischen Kirche, der christkatholischen Kirche sowie in der ökumenischen Bewegung umfasst.

Ein anderes Bild von Kirche: ekklesiologische Verschiebungen

«Ein Kirchlein mit Glockenturm im lieblichen Park ist Inbegriff jenes Sonntagschristentums [...], das mit der Kirche im Sinne des Neuen Testaments kaum etwas zu tun hat. Dort liegt der Akzent eindeutig auf dem Gedanken der Lebensgemeinschaft und des Dienstes. [...] Sie soll nicht abgeschieden am Rand der Welt, sondern mitten in der Welt stehen, und zwar nicht als unverbindliches Symbol, sondern als Treffpunkt und Dienststelle der Menschen von heute. Die übliche Trennung von ‹sakral› und ‹profan› hat hier keinen Platz.»[6] Dieses Zitat von Wal-

---

4 Walter Neidhart, «Das Haus der Kirche in unserer Zeit: Renovation, Umbau, Neubau», in: Helga-Maria Stempel, Hans Kallenbach und Armin Gall, *Gestalt und Aufgabe der Kirche in der gewandelten Gesellschaft*, Schriften der Evangelischen Akademie in Hessen und Nassau, Heft 62, Frankfurt a.M.: Verlag Evang. Presseverband für Hessen und Nassau, 1966, 7–24, 7. Neidhart zeichnet in seinem Vortrag ein Panorama möglicher Antworten auf die Krise, die von Theologen und Theologinnen seiner Zeit in die Diskussion eingebracht wurden, von der Forderung nach radikalem Abbruch und Neubau, über das Anliegen eines umfassenden Umbaus bis hin zur sanften, fast nur retuschierenden Renovation. Neidhart selbst verortet sich unter denjenigen, die einen Umbau für nötig erachten, und kritisiert sowohl die radikalen Ansätze (als nicht umsetzbar), wie auch jene, die relativ unerschütterlich an der scheinbar selbstverständlichen Beständigkeit der Institution festhalten; zur Kluft zwischen Kirche und gesellschaftlichen Entwicklungen vgl.: Grethlein 2016 (Anm. 3), 53.

5 Dass manche Kirchgemeinden diese Reflexionen nicht in genügender Weise leisteten und entsprechend den Architekten kaum Konkreteres vorgaben, wurde allerdings von verschiedener Seite auch beklagt. So beispielsweise Benedikt Huber, «Die Aufgabe eine Kirche zu bauen», in: *Das Werk*, 46, 1959, Heft 8, 263.

6 Walter Rütimann, «Neue Perspektiven für kirchliches Bauen», in: *Kirchenbote für den Kanton Zürich*, 16.10.1967, 5.

ter Rüttimann, dem Präsidenten der Planungskommission der Kirchgemeinde Seebach, aus einem Beitrag im Zürcher Kirchenboten aus dem Jahr 1967, benennt exemplarisch diejenigen theologischen Motive, die in dieser Zeit die Diskussion um ein zeitgemässes Kirchenbild entscheidend prägten: a) das schon genannte Anliegen, dass die Kirche eine Kirche mitten in der Welt sein solle, b) das Verständnis von Kirche als Glaubens- und Lebensgemeinschaft, die über die Sonntagmorgengemeinde hinausgeht und die c) dienende Kirche sein soll.

Das Konzept der *Kirche in der Welt* ist in der kirchlichen Reformdiskussion *ein* Argumentationsstrang unter mehreren, aber einer, der in der Nachkriegszeit und besonders in den 1960er-Jahren nicht nur die Debatten um den Kirchenbau, sondern auch andere Felder der kirchlichen Praxis (wie den Gottesdienst) sowie die Theologie insgesamt stark geprägt hat. Die drei genannten, eng zusammenhängenden ekklesiologischen Motive sollen im Folgenden vertieft werden. Im letzten Abschnitt werden dann auch diejenigen Stimmen zu Wort kommen, die dem Anliegen, Kirche müsse Kirche in der Welt sein, kritisch gegenüberstanden.

«Weil Gott die Welt liebhat ...» – Kirche in Zeit und Welt

Auch in der schweizerischen Diskussion um den Kirchenbau entfaltete das Motiv der «Kirche *in* der Welt» eine grosse Wirkung. So schreiben beispielsweise Martin Girsberger, Paul Hotz und Robert Briner in ihrem eingangs erwähnten Beitrag: «Da Gott die Welt lieb hat [...] kann es aus dieser Liebe heraus keine geographisch oder architektonisch fest verankerte und sichtbare Abgrenzung zwischen ‹Kirche› und ‹Welt› geben. Die Grenzen sind zumindest fliessend.» Und an anderer Stelle: «Der Herr der Kirche [...] bewegte sich meist in den Lebenszentren der damaligen Zeit und Welt. In den Hauptstrassen, auf den Marktplätzen, am See entlang, in den Vorhöfen des Tempels.»[7] Folglich muss sich Kirche, so die Argumentation, auch heute in den Lebenszentren der Menschen bewegen. Girsberger, Hotz und Briners radikale Umsetzung dieses Gedankens, den sie für Geroldswil entworfen hatten, bestand denn auch darin, die Kirchengebäude ganz in das Ensemble eines Dienstleistungszentrums mit öffentlichen Räumen, Cafés, Einkaufsmöglichkeiten, Wohnungen usw. zu integrieren, ja darin fast «verschwinden» zu lassen (Abb. 35).

Theologisch und biblisch wurde diese Zuwendung der Kirche zur Gesellschaft und zu den Menschen mit der Menschwerdung Gottes in Jesus begründet. Gott wurde Mensch und hat sich ganz auf die menschliche Lebenswirklichkeit eingelassen. Es kann deshalb in dieser Sichtweise keine radikale Trennung von sakralem und profanem Bereich geben, weil Jesus Christus die Grenzen zwischen beidem

---

7   Girsberger, Hotz und Briner, 1968 (Anm. 1), 20.

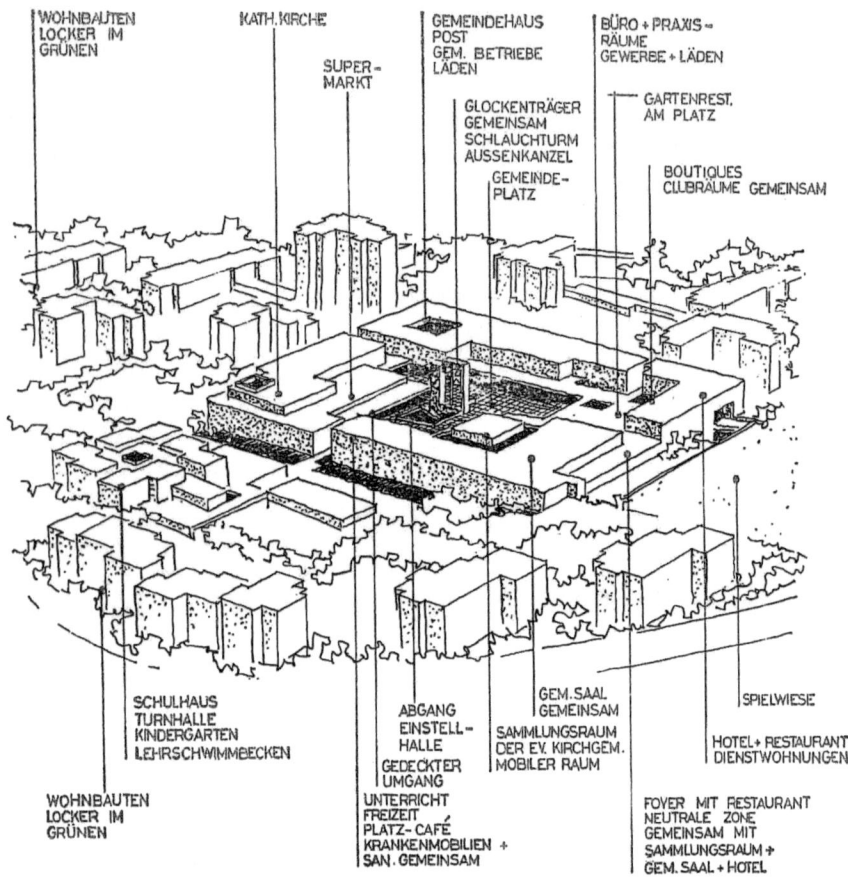

Abb. 35: Geroldswil, Zentrum, Wettbewerbsprojekt (2. Preis), 1967, Robert Briner, Mitarbeiter Herbert Wirth

aufgehoben hat und weil mit ihm das Sakrale in das Profane eingebrochen ist.[8] Die Kirche ist dazu aufgerufen, dieser Bewegung Gottes zu folgen und *Kirche mitten in der Welt*, Kirche mitten unter den Menschen zu sein.

Dass sich die Kirche angesichts der grösser werdenden Kluft zu den gegenwärtigen Menschen dieser Herausforderung notwendigerweise stellen muss,

---

8   Dies postuliert beispielsweise auch Werner Simpfendörfer, «Profanität und Provisorium. Thesen zum Kirchenbau», in: Hans-Eckehard Bahr, *Kirchen in nachsakraler Zeit*, Hamburg: Furche-Verlag, 1968, 106–131, hier 107.

davon war beispielsweise der deutsche Theologe Ernst Lange überzeugt. Seine Überlegungen zur Gestalt und Verkündigung einer zeitgenössischen *Kirche für die Welt*[9] entfalteten eine besondere Wirkkraft, die bis heute in der Praktischen Theologie nachwirkt.

Seine Vorstellungen von einer anderen Art des Kirche-Seins setzte Ernst Lange gemeinsam mit anderen in ein ganz praktisches, radikales ekklesiologisches Projekt um, das eine grosse Wirkungsgeschichte entfalten sollte. Im Berliner Stadtteil Spandau eröffnete er 1960 in einer gemieteten ehemaligen Bäckerei eine sogenannte Ladenkirche (Abb. 36). Es gab ein grosses Schaufenster, einen Versammlungsraum, der gleichermassen für die Gottesdienste und Gesprächsrunden zur Verfügung stand, eine Küche, Toiletten, ein Büro.[10] Die Gemeinde sollte damit mitten im Alltag der Menschen, noch präziser in ihrer *Wohnwelt*[11], präsent sein und daran Anteil nehmen. Die Verbindung der Menschen zur Kirche war für Lange nicht mehr einfach gegeben, sondern musste von der Kirche aus aktiv gesucht werden (eine «Geh-hin-Kirche» anstelle einer «Komm-her-Kirche»). Um Kirche in der Welt sein zu können, muss die Kirche die Lebensbedingungen, Fragen und Themen gegenwärtiger Menschen wahrnehmen und reflektieren. Sie muss daran anknüpfen und in der konkreten Lebenssituation die Relevanz des Evangeliums erweisen. «Voraussetzung auftragsgemässen Redens für die Kirche ist mithin ein immer neu zu vollziehender Akt bewusster Partizipation am Dasein der Hörer.»[12] Die Ladenkirche funktionierte als ein Quartierzentrum, in dem die ganze Woche über Aktivitäten organisiert werden konnten und von dem aus aktiv Nachbarschaftshilfe geleistet wurde.[13] Sie war ein Versuch, eine gemeinschaftliche Basiskirche zu errichten, in der die Partizipation der sogenannten Laien eine grosse Rolle spielte.[14]

Auch in den reformierten Kirchen der Schweiz zieht das Argument, Kirche müsse *in der Welt* präsent sein, konkrete Reformvorschläge für den Kirchenbau nach sich. Der für die hier behandelte Zeitspanne charakteristische Typus des Gemeindezentrums sollte – ähnlich wie die Ladenkirche – ermöglichen, dass sich die Gemeinde zu verschiedenen Aktivitäten treffen konnte, die über den Gottesdienst hinausgingen.[15] Gottesdienst findet nicht mehr nur am Sonntagmorgen statt, sondern setzt sich im Alltag, in den verschiedenen Aktivitäten der Gemeinde und darüber hinaus fort. Der Gottesdienstraum spielt «nicht mehr die Hauptrolle» – so

9   Ernst Lange, *Kirche für die Welt. Aufsätze zur Theorie kirchlichen Handelns*, hg. und eingeleitet von Rüdiger Scholz, München: Chr. Kaiser Verlag, 1981.
10 Lange, «Aus der Bilanz», in: ders. 1981 (Anm. 9), 86–87.
11 Ebd., 71.
12 Lange 1981 (Anm. 9), 69.
13 Ebd., 66.
14 Ebd., 69.
15 Vgl. Lis Frey, in: *Kirchenbote für das reformierte Volk des Aargaus*, Juli 1973: «Ohne Gemeinschaftsgefühl durch die ganze Woche kann sich die Gemeinde auch nicht am Sonntag finden.»

Abb. 36: Berlin-Spandau, Ladenkirche am Brunsbütteler Damm, 1960

Rudolf Merker – und könnte beispielsweise ergänzt werden durch eine Bücherei, Diskussionsräume, Bastelwerkstätten, Lese- und Plauderecken, eine Kegelbahn oder einen Kinderhort.[16] Auch veränderte, dialogische Kommunikationsformen und -bedürfnisse verlangten nach anderen Kirchenräumen, so konstatiert es beispielsweise Hans Gutknecht im Zürcher Kirchenboten vom 16. Oktober 1967: «Heute suchen wir das Gespräch, das wieder andere Räume erfordert. Dass der Gemeinschaftsgedanke in den Vordergrund rückt, kann man an den neueren Kirchgemeindehäusern erkennen. Jesus sass mit den Zöllnern und Sündern am gemeinsamen Tisch. Seine Gleichnisse waren Teil eines Gesprächs. Dabei knüpfte Jesus an die Situation des Hörers an, er begann dort, wo seinen Mitmenschen der Schuh drückte».[17] In diesen neuen Kirchenräumen bzw. Gemeindezentren sollten die Schwellen zwischen «Kirche» und «Welt» möglichst niedrig gehalten werden; Menschen sollten sich nicht in einem fremden, ganz anderen Raum bewegen, wenn sie in die Kirche kommen, sondern sich darin zu Hause fühlen. Dies ist mit ein Grund für die zuweilen recht einfache, in manchen Fällen wohnzimmer-

---

16 Rudolf Merker, «Kirchenbau auf falschen Wegen?» in: *Kirchenbote für das reformierte Volk des Aargaus,* Juli 1973, o. S.
17 Hans Gutknecht, «Wende im Kirchenbau», in: *Kirchenbote für den Kanton Zürich,* 16.10.1967, 3.

ähnliche Ausstattung reformierter Gemeindehäuser aus dieser Zeit.[18] Dabei war die Einfachheit aber auch ethisches Programm: Teure Kirchenbauten und Ausstattungen schienen angesichts der Armut in der Welt nicht mehr opportun.[19]

Dass die Grenzen zwischen Innen und Aussen fliessend wurden, zeigt sich architektonisch bei manchen Bauten auch daran, dass die Fensterfläche deutlich vergrössert wurde. Der Zürcher Neutestamentler Eduard Schweizer, der sich aktiv in die Diskussionen rund um den Kirchenbau einbrachte, plädierte in einem Beitrag an der Tagung «Gottesdienst und Gottesdienstraum» in der Evangelischen Akademie Bad Boll[20] für diese architektonische Massnahme, die die kirchlichen Räume optisch öffnen und zum Ausdruck bringen sollte, dass sich die Kirche auch für die «Randsiedler» (z. B. der Religion Unkundige und Ungläubige) erschliessen soll. Ein Beispiel dafür ist die 1958 fertiggestellte Thomaskirche in Basel, die für das Raumprogramm dieser Jahrzehnte geradezu paradigmatisch ist, bzw. es in gewisser Weise pionierhaft vorwegnimmt (Abb. 37, 38 und 39). Während die der Gemeinde gegenüberliegende Wand geschlossen ist und sozusagen die innere Andacht fokussiert, sind die links und rechts liegenden Seitenwände fast komplett verglast und geben den Blick auf Grünflächen frei. Vor der Kirche verdoppelt ein grosser Hof die Grundfläche des Ensembles, der zum Verweilen nach dem Gottesdienst einlädt. Dieser Hof wird durch einen Durchgang unter dem separat stehenden Glockenturm betreten – der Hof selbst bietet so einen gestalteten Übergang vom Alltag in den Raum der Kirche hinein. Auch hier sollte der gesamte Gebäudekomplex Raum für die vielfältigen Aktivitäten der Gemeinde bieten.[21]

Kirche als Ausdruck von (Lebens- und Glaubens-) Gemeinschaft

Ein zentrales Anliegen der Kirchen(bau)reformen war, dass der Kirchenbau die Gemeinschaft unter Menschen fördern solle, und zwar über die eigentliche Kerngemeinde hinaus. Der schon erwähnte Theologe Eduard Schweizer sprach sich dezidiert dafür aus, dass man nur so bauen dürfe, «dass die Gemeinde zu einem

---

18 Der Architekt Werner Max Moser bezeichnet den Gottesdienstraum in der von ihm erbauten Kornfeldkirche in Riehen (Abb. 18) als «Wohnstube der Gläubigen», siehe: Johannes Stückelberger, *Die Kornfeldkirche in Riehen* (Schweizerische Kunstführer GSK), Bern: Gesellschaft für Schweizerische Kunstgeschichte, 2004, 18.
19 Vgl. Schwebel 1970 (Anm. 2), 291.
20 Ausführlicher dazu: Kerstin Wittmann-Englert, *Zelt, Schiff und Wohnung. Kirchenbauten der Nachkriegsmoderne*, Lindenberg im Allgäu: Kunstverlag Josef Fink, 2006, 117. Eingeladen zur Tagung hatte Werner Simpfendörfer, Studienleiter an der Evangelischen Akademie und eine wichtige Stimme in der damaligen Kirchenbaudiskussion. Die Tagung in Bad Boll plädierte für multifunktionale kirchliche Räume ohne jeden Repräsentationscharaker.
21 B.H. [Benedikt Huber], «Die Thomaskirche in Basel», in: *Das Werk*, 46, 1959, Heft 8, 281–286, hier 281.

Abb. 37: Basel, Thomaskirche, 1956–1958, Benedikt Huber

Leib werden kann, der zusammengehört».²² Schweizer erarbeitete die neutestamentlichen Grundlagen für dieses theologische Raumprogramm und vertrat dies des Öfteren in kirchlichen Publikationsorganen und internationalen Tagungen.²³

Gemeinschaft sollte jedoch nicht nur in den vielen Aktivitäten der Gemeinde spürbar werden, sondern auch im Gottesdienst. Deshalb wurde vielerorts der Zentralbau favorisiert, der auf eine Ausrichtung auf der Längsachse sowie auf einen abgetrennten Chor verzichtete. So auch in der Thomaskirche in Basel, über die der Bauverwalter der Reformierten Kirche, Peter Sarasin, 1959 in den Basler Nachrichten schrieb: «Der Kirchenraum ist quergelegt mit zentrierter Sitzordnung

---

22 Anlässlich eines «Rundgespräches über drei wesentliche Fragen des Kirchenbaus» und als Antwort auf die Frage: «Was halten Sie vom heute oft verwirklichten Zentralprinzip?», in: *Kirchenbote für den Kanton Zürich*, Mai 1961, Nr. 5, 3–4, hier 4.

23 U. a. Eduard Schweizer, *Gottesdienst im Neuen Testament*, (Kirchliche Zeitfragen, Heft 44), Zürich: Zwingli-Verlag, 1958. Darin verweist er u. a. auf die Gemeinschaft als zentrales Merkmal neutestamentlicher Gottesdienste. Im letzten Abschnitt blickt Schweizer auf den gegenwärtigen Gottesdienst und folgert: «Weit stärker betont werden muss die Gemeinschaft im Gottesdienst. [...] Dem Herrenmahl muss wieder der Charakter einer frohen gemeinsamen Mahlzeit zukommen. Aber auch im übrigen Gottesdienst müsste aus einem Vortragspublikum Leib Christi werden. [...] Das alles sind Illusionen, solange unsere Mammutgemeinden in ganz unbiblischen Kirchengebäuden zusammenkommen.»

um Kanzel und Abendmahlstisch. [...] Der Pfarrer steht nicht gegenüber seiner Gemeinde, sondern ‹in Mitten› derselben. Die Gemeinschaft der Gottesdienstbesucher, ‹das gemeinsame Handeln› in Liturgie, Gesang und Gebet wird gefördert und findet seinen Ausdruck im Raum.»²⁴

Die Anordnung dieser Art von Räumen sollte alternative und vor allem partizipative Gottesdienstformen ermöglichen. Dazu musste das Mobiliar möglichst flexibel gehandhabt werden können; in der Thomaskirche wurden deshalb Stühle statt Kirchenbänke verwendet. Charakteristisch ist auch die Feststellung Sarasins, dass der Pfarrer nicht mehr gegenüber, sondern mitten in der Gemeinde steht. In der betreffenden Zeitspanne änderte sich auch das Rollenbild des Pfarrers und der Pfarrerin. Er oder sie verstand sich weniger als Autoritätsperson, sondern dezidiert als Teil der Gemeinde. Diese Entwicklung verstärkte sich weiter im Zuge der 1968er-Bewegung und ihrem antiautoritären Impetus sowie ihrer generellen Nivellierung hierarchischer Verhältnisse.

Kirche für andere – dienende Kirche

Gemeinschaft soll nicht nur innerhalb der kirchlichen Binnenstruktur wachsen, sondern die Kirche soll sich darüber hinaus auch für Menschen ausserhalb der Gemeinde als eine dienende Kirche erweisen, als «Kirche für andere»²⁵. Zu einer lebendigen Gemeinschaft gehört die gegenseitige Unterstützung und Solidarität. Wesentlicher Leitsatz der Ladenkirche war beispielsweise, dass die Gemeinde durch «gegenseitige Lebenshilfe im Alltäglichen» charakterisiert und zusammengehalten würde. «Verliert die Gemeinschaft der Christen diesen ihren Wirkraum im Alltag, dann wird sie leiblos und krank», so Ernst Lange.²⁶ Nicht nur in der Verkündigung, sondern vor allem auch in der Diakonie, in ihren sozialen Tätigkeiten, in ihrem Dienst an den Menschen, wird Kirche als Kirche erkennbar, ja gewinnt sie erst ihre Gestalt. Werner Simpfendörfer konstatiert denn auch einen Wandel von der Lehr- und Öffentlichkeitskirche hin zur Dienstkirche²⁷, die durch das «dienende Dasein für die anderen in Familie und Beruf, Politik, Freizeit und Nachbarschaft» gekennzeichnet ist.²⁸

Wesentliche Impulse für eine dienende Kirche in der Welt gingen auch von der Ökumenischen Bewegung aus, die in den Sechzigerjahren eine Blütezeit erlebte

---

24 Peter Sarasin, «Die bauliche Entwicklung der Evangelisch-reformierten Kirche Basel-Stadt», in: *Basler Nachrichten*, 17.3.1959, o. S.
25 Vgl. Ernst Lange, «Kirche für andere. Dietrich Bonhoeffers Beitrag zur Frage einer verantwortbaren Gestalt der Kirche in der Gegenwart», in: ders., 1981 (Anm. 9), 19–62. Der Aufsatz lag seiner Antrittsvorlesung an der kirchlichen Hochschule Berlin (12.5.1965) zugrunde.
26 Lange 1981 (Anm. 9), 81.
27 Simpfendörfer 1968 (Anm. 8), 113.
28 Ebd., 107.

und sich von einer europäisch dominierten zu einer globalen Kirchengemeinschaft entwickelte.[29] Grosse Resonanz erfuhr beispielsweise der Studienprozess zu den «missionarischen Strukturen der Gemeinde»[30] von 1962 bis 1967, an dem sowohl Ernst Lange wie auch Werner Simpfendörfer beteiligt waren, und der stark von der Theologie Johan Christian Hokendijks geprägt war.[31] Kirche soll Kirche in der Welt sein, sozusagen «exzentrisch»[32], also nicht auf sich selbst bezogen bleiben. Sie soll den gesellschaftlichen Wandel sorgfältig wahrnehmen und sich daran ausrichten, «in allen gesellschaftlichen Feldern präsent sein» (in der Arbeitswelt, in den Medien, mit Beratungsstellen usw.) und «damit die Kontaktflächen zur säkularen Welt möglichst breit gefächert halten»[33]. Kirche ist in diesem Sinne immer unterwegs[34] *und* ohne festen Ort. Das wandernde Gottesvolk vollzieht »immer wieder den Exodus aus alten und überkommenen Strukturen und Gewohnheiten»[35]. Oder wie Werner Simpfendörfer es formuliert: Die Kirche ist immer in der Diaspora-Situation, sie lebt in einem ständigen Zustand der Zerstreuung.[36] Architektonisch hat sich dieses Anliegen unter anderem darin niedergeschlagen, dass mit Zeltformen für Dach und Gebäude experimentiert wurde, so auch im erwähnten Beispiel der Thomaskirche in Basel.[37]

In ihrem Dienst folgt die Kirche Gott, der bereits in der Welt wirksam ist, auch abseits kirchlicher und missionarischer Strukturen (missio Dei). «Weil das Heilshandeln Gottes primär der Welt gilt, gilt entsprechend, dass Kirche primär für die Welt da sein muss»[38]. Als Ziel der Mission der Kirche in der Welt wird nun nicht

---

29 Dies vor allem durch die Integration des Internationalen Missionsrates in den ÖRK und die folglich verstärkte Präsenz nicht-westlicher Kirchen.
30 Der Studienprozess übte einen beträchtlichen Einfluss auf die Kirchenreformbewegung beispielsweise in Deutschland aus; vgl. Henning Wrogemann, *Missionstheologien der Gegenwart. Globale Entwicklungen, kontextuelle Profile und ökumenische Herausforderungen* (Lehrbuch Interkulturelle Theologie/Missionswissenschaft, Bd. 2), Gütersloh: Gütersloher Verlagshaus, 2013, 96–98. Dass er auch in Gemeinden der Schweiz rezipiert wurde, zeigt beispielsweise ein Verweis darauf im schon erwähnten Beitrag von Girsberger, Hotz und Briner zum Entwurf des Gemeindezentrums in Geroldswil (Anm. 1).
31 Vgl. Wrogemann 2013 (Anm. 30), 95. Eigentümlich aktuell lesen sich Hokendijks Vorschläge dazu, wohin die Kirche sich entwickeln sollte: «von den Komm-Strukturen zu den Geh-Strukturen», «von der Parochie zu den gestaffelten Angeboten (Variabilität und Flexibilität der Strukturen, neue Angebote), von der Pfarrerzentrierung zum Laienengagement, von der Versorgungskirche zur Beteiligungskirche», ebd., 92–94.
32 Ebd., 88.
33 Ebd., 97. Wrogemann verweist hier auch auf die Konsequenzen dieser theologischen Grundmotive für den Kirchenbau: Zeltdächer (s. u.), transportable Holzaltäre, die alternative Anordnung der Bestuhlung (Kreisformen), keine Stufen, die zum Altar führen, grosse Glasfronten.
34 Ebd., 92.
35 Ebd., 92.
36 Simpfendörfer 1968 (Anm. 8), 107.
37 Ausführlicher zum Zelt als den Kirchenbau prägendes theologisches Motiv: Wittmann-Englert 2006 (Anm. 20), 17–83.
38 Wrogemann 2013 (Anm. 30), 88–89 (hier zur Missionstheologie Johan Christian Hokendijks).

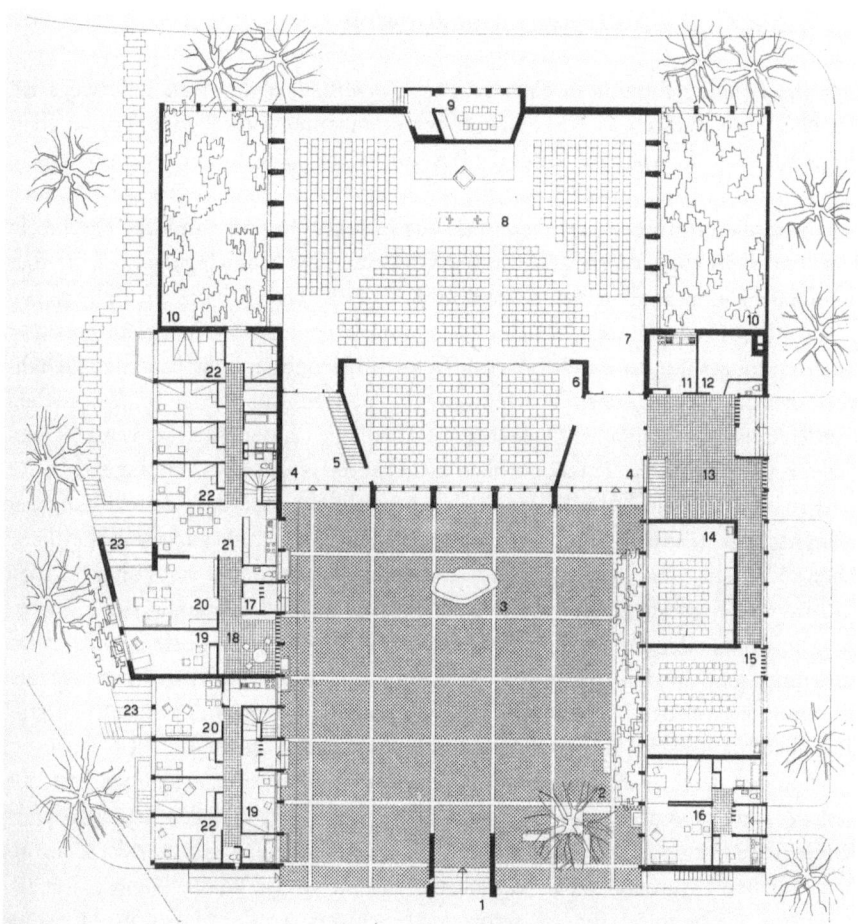

Abb. 38: Basel, Thomaskirche, Grundriss, 1956–1958, Benedikt Huber.
Ziffern: 1 Turm, 2 Hof, 3 Brunnen, 4 Eingangshalle mit Glasbild, 5 Aufgang Empore,
6 Kleiner Saal, 7 Kirchenraum, 8 Abendmahlstisch, 9 Sakristei, 10 Lichthof, 11 Teeküche,
12 Stuhlmagazin. 13 Foyer, Garderobe, 14 Unterrichtszimmer, 15 Vereinszimmer,
16 Wohnung Gemeindeschwester, 17 Eingang Pfarrer, 18 Wartehalle, 19 Sprechzimmer,
20 Wohnzimmer, 21 Esszimmer, 22 Schlafzimmer, 23 Gedeckter Sitzplatz, 24 Empore,
25 Orgel

mehr primär die Missionierung der Völker verstanden, sondern der umfassende
«Schalom» Gottes, das Streben nach Frieden, Gerechtigkeit in ganz konkreten
gesellschaftlichen und politischen Lebenszusammenhängen. So lautete denn auch
das Motto der vierten Vollversammlung des Ökumenischen Rates der Kirchen
(ÖRK), die 1968 in Uppsala stattfand: «Siehe, ich mache alles neu».

Kritik: Kirche als Gegenüber zur Welt

Das theologische Programm einer Kirche, die *mitten in der Welt* unterwegs ist, wurde in der Nachkriegszeit zu einem der dominanten Paradigmen, erfuhr allerdings auch Kritik. Während dieses die Position vertrat, dass Kirche immer Kirche in der *Zeit* ist und sich insofern auf die jeweilige Zeit einlassen muss, gab es auch Stimmen, die in Erinnerung riefen, dass das Evangelium und damit die Kirche ein *Gegenüber zur Welt bilden*, genauso wie Gott einerseits Mensch geworden ist, aber dennoch der ganz Andere bleibt. Die Botschaft der Kirche ist in diesem Sinne *zeitlos* und soll und darf sich nicht dem Zeitgeist unterwerfen. In den Kriegsjahren zuvor war die Anpassung der Kirche an den Zeitgeist des nationalsozialistischen Gedankenguts zum theologischen Problem geworden, dem entschieden widersprochen werden musste, u. a. von der Dialektischen Theologie rund um den Schweizer Theologen Karl Barth. Seine Theologie blieb auch für die Nachkriegszeit prägend.

Ernst Lange beispielsweise war sich sehr wohl bewusst, dass der Vorgang der «Anpassung» (Einwohnung) – an eine gegebene Situation, an gesellschaftliche Entwicklungen – höchst ambivalent sein kann. Dennoch sah er es als zentralen Auftrag und permanente Herausforderung an Kirche und Theologie, diese Anpassungsleistung, oder anders gesagt, Kontextualisierung in einer gegebenen Zeit vorzunehmen und in der Spannung von Situation und Tradition zu leben um der Kommunikation des Evangeliums willen: Die Kirche «muss es wagen, Christus und die Situation, die Verheissung und die Wirklichkeit zu versprechen».[39]

Konkret macht sich diese Diskussion um die Kirche als Gegenüber, bzw. als Teil der «Welt» unter anderem an der Debatte um den sakralen oder profanen Kirchenbau fest oder auch an der Frage, ob neue Kirchen als Längs- oder Zentralbau konzipiert werden sollen.[40] So schreibt beispielsweise Werner Tanner, Redaktor beim Kirchenblatt für die reformierte Schweiz, es sei zu begrüssen, wenn Abendmahlstisch und Pfarrpersonen mitten in der Gemeinde stünden, er fragt sich jedoch, ob es dadurch noch gelinge, «auch das Gegenüber der göttlichen Botschaft in Wort und Sakrament darzustellen».[41] In der Zeitschrift «Das Werk» werden 1959 zu diesem grundlegenden Problem eigens verschiedene Theologen befragt.[42]

---

39 Vgl. dazu Ernst Lange, «Von der Anpassung der Kirche», in ders. 1981 (Anm. 9), 161–172, in Auseinandersetzung mit der Barmer Theologischen Erklärung.

40 Ausführlicher zu dieser kontroversen Diskussion in der Nachkriegszeit, die noch weitere Aspekte umfasst: Johannes Stückelberger, «Funktionaler oder sakraler Raum? Kirche als funktionaler Raum», in: Ralph Kunz, Andreas Marti und David Plüss (Hg.), *Reformierte Liturgik kontrovers*, Zürich: Theologischer Verlag Zürich, 2011, 219–228.

41 Werner Tanner, «Wieder einmal evangelischer Kirchenbau», in: *Kirchenblatt für die reformierte Schweiz*, 10.4.1952, Heft 8, 119–122, hier 120.

42 *Das Werk*, 46, 1959, Heft 8 [Themenheft «Protestantischer Kirchenbau»], 271–280. Befragt wurden u. a. die Professoren Karl Barth, Fritz Buri, Jean-Louis Leuba, Julius Schweizer, Gottfried W. Locher sowie Pfr. Werner Tanner. Kritik am Zentralbau äusserten vor allem Fritz Buri (vehement) und, grundsätzlich beide Formen anerkennend, Werner Tanner.

Abb. 39: Basel, Thomaskirche, 1956–1958, Benedikt Huber

Diejenigen, die den Längsbau favorisierten, machten geltend, dass in ihm durch die Anordnung Kirchenschiff – Chorraum das Evangelium als Gegenüber, das den Menschen zugesprochen wird, besser zum Ausdruck komme.

Dementsprechend wurden auch Plädoyers geführt für die *Besonderheit* des Kirchenbaus, der sich von den alltäglichen Räumen, in denen Menschen sich bewegen, unterscheiden kann und darf. Dies durch seine Atmosphäre oder seine besondere Gestaltung. So forderte ein kritischer Kommentar «Gegen die Tempelstürmer»: «Unsere Zeit braucht Kirchen, und zwar nicht nur Gemeinschaftsräume für alle möglichen und unmöglichen Zwecke, sondern vor allem einen würdigen Ort zur gottesdienstlichen Feier, ausgerichtet auf Wortverkündigung, Taufe und Abendmahl, vermehrt aber auch auf persönliche Andacht und Sammlung. […] Gemeinschaft unter Menschen […] entsteht durch die Ausrichtung auf den Herrn, dessen Thron im Himmel ist […].»[43]

---

43 P. L., «Gegen die Tempelstürmer», in: *Kirchenbote für das reformierte Volk des Aargaus*, Juli 1973, Nr. 7, o. S. Vermutlich handelt es sich bei dem Autor um Pfr. Paul Luterbacher, Redaktor der Zeitschrift.

Ausblick

Seit den 1990er-Jahren erfährt der «sakrale», andere Raum eine Renaissance. Dies kann als eine Reaktion auf die allzu alltäglichen Kirchenräume der Nachkriegszeit gelesen werden, deren Ausstattung uns heute zuweilen ästhetisch zweifelhaft erscheint. Der Kirchenraum als der *andere* Raum, mit einer sakralen Atmosphäre, oft schlicht und ästhetisch anspruchsvoll gestaltet, hat bei neueren Bauprojekten und Kirchenrenovationen zu Recht wieder an Bedeutung gewonnen.

Gleichzeitig scheinen mir viele Anliegen der Kirchenbaudiskussion der Nachkriegszeit bleibend aktuell: die Multifunktionalität kirchlicher Räume bleibt ein Vorteil, weil sie flexible Raumnutzungen oder gar Mischnutzungen ermöglicht, beispielsweise in Form von gezielten Kooperationen mit anderen öffentlichen und zivilgesellschaftlichen Organisationen. Dies ist ein Argument, das gerade im Kontext von Überlegungen zur Verkleinerung des kirchlichen Gebäudebestands vor allem im städtischen Umfeld für die Kirchenbauten der Moderne, besonders für diejenigen des Typus Gemeindezentrum, spricht. Solche Gebäude, bzw. ihre vielfältigen Nutzungsoptionen, ermöglichen es den Gemeinden, sich ins Quartier hinein zu vernetzen. Sie können von der Gemeinde unter der Woche auf vielfältige Art und Weise genutzt werden und bieten Raum für alternative Formen kirchlicher Aktivität, wie sie beispielsweise gegenwärtig im Umfeld der Bewegung «Fresh Expressions of Church» angedacht werden.

Die Ansicht, dass der entsakralisierte Kirchenbau ein gescheitertes Projekt sei, wie Kerstin Wittmann-Englert feststellt[44], teile ich deshalb nur bedingt, denn die diskutierten Bauformen haben das Bild von Kirche nachhaltig und meiner Ansicht nach positiv geprägt. Sie halten in Erinnerung, dass auch in heutiger Zeit Kirche gefordert ist, angesichts nicht per se gegebener Resonanz und Relevanz, sich nicht von der Gesellschaft abzukapseln, sondern im Gegenteil niederschwellig Kontaktzonen mit zeitgenössischen Menschen zu suchen, also Kirche in unterschiedlichen Lebenswelten zu sein.

Letztlich ist wohl das Zusammenspiel verschiedener ekklesiologischer und architektonischer Konzepte entscheidend, weshalb die «Kirche als Teil der Gesellschaft» und die «Kirche als Gegenüber zur Gesellschaft» nicht gegeneinander ausgespielt werden sollten. Beide ekklesiologischen Denkweisen halten eine notwendige und produktive Spannung aufrecht, innerhalb derer Kirche Gestalt findet. Gerade im städtischen Bereich stellt ein Portfolio von ganz unterschiedlichen kirchlichen Gebäuden, welche unterschiedliche Bedürfnisse abdecken, ein unschätzbares Potenzial dar.

---

44 Wittmann-Englert 2006 (Anm. 20), 167–171.

Moderne Kirchtürme. Glockenlärmproblematik und neue Lösungsansätze

Matthias Walter

Kirchtürme und Glocken sind die optischen und klanglichen Zeichen, die eine Kirche in die Umgebung ausstrahlt. Sie haben deshalb auch für die säkulare Gesellschaft eine besondere Bedeutung. Gerade in unseren Breitengraden hat sich mit der Architekturmoderne ein neues Verhältnis zwischen Kirchturm und Glocken herausgebildet: Glocken wurden zunehmend sichtbar inszeniert oder in hallende Betonstuben gehängt, und beides hat nicht selten dazu geführt, dass Geläute immer wieder als unangenehm und zu laut empfunden werden. In den vergangenen Jahren ist man eleganten Lösungen, die keine wesentlichen Änderungen der Architektur erfordern, deutlich nähergekommen.

Architektur der Moderne und ihre Folgen für den Glockenklang

Während die mitunter emotionale Diskussion um den nächtlichen Uhrschlag unabhängig von der Kirchenarchitektur vorwiegend ein umweltpsychologisches Thema geworden ist, geht es im vorliegenden Beitrag primär um die Lautstärke und Ästhetik des schwingenden Geläutes, wie es in ganz Mitteleuropa für Gottesdienste oder das Betzeitläuten – teilweise auch das sogenannte Frühläuten – erklingt. Spätestens seit dem 9. Jahrhundert hat sich das christliche Glockenläuten von der schlichten Notwendigkeit zu einer Repräsentationsgeste gewandelt: Der Anspruch auf Wohlklang und Grösse erhöhte sich, Apologeten und Liturgiker setzten den Glockenklang mit den Posaunen Gottes gleich. Zudem scheint man zunehmend erkannt zu haben, dass gerade eine geschwungene Grossglocke einen besonders imponierenden singenden Klang entfalten kann, wie ihn eine starr befestigte, lediglich angeschlagene Glocke niemals erreicht. Erst für den Vorzug des schwingenden Läutens nahm man seit dem Mittelalter letztlich auch einen bedeutenden Mehraufwand in Kauf, nämlich massive Glockentürme, riesige Glockenstühle, schwingungsgelagerte Joche, Klöppel und vielköpfige Läutmannschaften, die teilweise nicht ganz risikofrei die Glocken in Bewegung zu setzen hatten.

Hölzerne Glockenstühle und Joche waren witterungsanfällig, sodass man im nordalpinen Bereich die Glockenstuben der Türme weitgehend schloss und lediglich Schallöffnungen aussparte, die häufig noch mit Läden oder Jalousien abgeschirmt wurden, was zugleich die gute Resonanz und den Klangfluss förderte. Unerträglich laut waren die Geläute für die Kirchgänger deshalb kaum. Mit der Architekturmoderne vollzogen sich jedoch mehrere Paradigmenwechsel, die auch

Abb. 40: Zürich, Pauluskirche, 1933, Arter & Risch. Eines der ersten modernen Beispiele der Schweiz mit offen inszenierter Aufhängung der Glocken

die Klangwirkung des Glockengeläuts beeinflussten: niedrigere Türme, offen inszenierte Aufhängung sowie der übliche Einsatz der Werkstoffe Stahl und Beton (Abb. 40). Gerade im modernen Flachdachbau konnten sichtbare Glocken einen Sakralbau zusätzlich symbolisieren und kenntlich machen, und bereits 1904 sprach ein Architekturrezensent vermutlich vielen aus dem Herzen, als er positiv anmerkte, wie «die sichtbare Bewegung der im Freien schwingenden Glocken an sich schon etwas Freudiges, Jubelndes und Einladendes» habe.[1] Eisenwerkstoffe und Beton erlaubten auch weitgehenden Verzicht auf einen Wit-

---

1 Rudolf Günther, «Theodor Fischers Entwurf der Gaggstatter Kirche», in: *Monatsschrift für Gottesdienst und kirchliche Kunst*, 9, 1904, 41–46, 44.

Moderne Kirchtürme. Glockenlärmproblematik und neue Lösungsansätze

Abb. 41: Wattwil, St. Felix und Regula, 1966, Hermann Baur.
Geschlossener Betonturm mit enormem Resonanzraum

terungsschutz und einen Glockenstuhl, denn die Glockenlager konnten nunmehr auf einfachen Betonkonsolen befestigt werden. Seit den 1930er-Jahren prägten dementsprechende moderne Konzepte arrivierter Architekten wie Fritz Metzger, Arter & Risch oder bald auch Hermann Baur den Schweizer Kirchenbau. Weil jedoch bei offen hängenden Geläuten Klöppelanschläge und Höchstfrequenzen von keiner Mauer oder Dämmung mehr absorbiert werden, belästigt die Kirchgängerinnen und Kirchgänger sowie die Anwohnenden oft ein lautstarker und knallender Direktschall. Als in den 1960er-Jahren der plastische Stil einsetzte (Abb. 41), bevorzugte man teilweise wieder stärker geschlossene Türme, allerdings bildeten die nachhallreichen Betonglockenstuben zugleich einen nie dagewesenen Resonanzraum, der auch die höchsten Schallfrequenzen verstärkte, sodass manche Geläute in derartigen Türmen trotz flüssiger Klangentfaltung ebenfalls laut und schrill wirken. Weil bereits seit den 1930er-Jahren nicht selten auch historische Glockentürme mit

Abb. 42: Typische schweizerische Klöppelinstallation des 20. Jahrhunderts: Unter den Anschlagballen lange und ausgreifende, sogenannte Vorschwünge, einen peitschend-obertönigen Klang verursachen.

Betonböden und -wänden ausgekleidet wurden, ist das Phänomen teilweise auch aus scheinbar alten Türmen bekannt.

Lärmproblematik

Interessanterweise begegneten Sachverständige und Unternehmen der Problematik vorerst nicht. Vielmehr verstärkte die Forderung einer möglichst reinen Glockenbronze die Lautstärke und Obertönigkeit im Glockenklang an sich, und die unerklärliche Mode tieflastiger Klöppel mit langen Vorschwüngen (Abb. 42) bewirkte noch zusätzlich eine «scherbelnde» Tongebung, weil die damit verbundene kurze Kontaktzeit die höchsten Frequenzen stark mitanregt. Auch viele Uhrschläge sind greller und penetranter geworden, weil im Zusammenhang mit funkgesteuerten Uhren zunehmend elektromagnetisch gesteuerte Hämmer eingesetzt wurden, die mit rasanter Geschwindigkeit auf die Glocken treffen. Schliesslich hat die Moderne seit ihrem Beginn und gerade seit den sparsameren Bauprojekten nach 1968 immer wieder sehr niedrige Türme hervorgebracht, deren Geläute sich bei den Kirchgängern und Anwohnern nur selten beliebt gemacht haben (Abb. 43). Dass die Fachleute nicht früher auf die Nachteile der Klangwirkung aufmerksam gemacht haben, hat primär zwei Ursachen: Zum einen galt angesichts der zahlreichen Neugüsse gesamter Geläute in erster Linie die tonliche Reinheit der Glocken als dominantes Qualitätsmerkmal; war diese in Ordnung, stufte man das Geläut unabhängig von anderen Nachteilen als gut ein. Zum anderen hörten die Sachverständigen die Geläute meist nur bei der Abnahme, direkt nach der Montage, als die frisch geschmiedeten Klöppel erst winzige Anschlagsflächen hatten und die allmähliche Verhärtung des Klöppelballens erst bevorstand. So entlarvte sich die ganze Misere sowohl offener und lauter Geläute als auch der nachteiligen Klöppel jeweils erst nach einer gewissen Läutedauer.

Der Schalldruck lässt sich in Pascal [Pa] messen, der Schalldruckpegel wird in Dezibel [dB] bzw. dem menschlichen Gehör spezifischer angepasst in dBA angegeben. Um maximale Schalldruckpegel genau festhalten zu können, eignen sich Werte in Dezibel. Um den effektiven Wahrnehmungsunterschied adäquat zu beziffern, sind die Werte des Schalldrucks jedoch geeigneter. In der Psychoakustik wird die nicht genau bestimmbare «Empfindung» der Lautstärke etwa dahingehend konkretisiert, dass eine Verminderung um 10 dBA bzw. eine Halbierung des Schalldrucks etwa einer Halbierung der Lautstärkenempfindung entsprechen.[2] Im Folgenden einige Beispiele:

Max. Schalldruck	Max. Schalldruckpegel	Beispiel Glockengeläut
3,99 Pa	106 dBA	Offen hängendes Geläute 5 Meter über Boden in Turmnähe (äusserst lärmende Wirkung am Rand der Zumutbarkeit)
2,83 Pa	103 dBA	Geläute in modernem, geschlossenem Betonturm auf Kirchplatz (sehr lautstarke, unangenehme Wirkung)
2,00 Pa	100 dBA	Mächtiges Geläute bei durchschnittlichen Turmverhältnissen auf Kirchplatz (lautstarke Wirkung, aber gut erträglich)
1,00 Pa	94 dBA	Durchschnittliches Geläute in historischem Turm mit Jalousien o. ä. (angenehme Lautstärke)
0,20 Pa	80 dBA	Geläute in Turm mit stark gedämmtem Schallaustritt (wirkt in Turmnähe eigenartig leise, wird bereits von einem Automotor übertönt)

2   http://www.sengpielaudio.com/Rechner-schallpegel.htm (1.8.2019).

Abb. 43: Lüterkofen, Reformierte Kirche, 1977, Antonio Schlup. Die Kirchgänger mussten sich unter dem nur fünf Meter über dem Boden hängenden schrillen Geläut hindurchquälen. 2021 erfolgte eine Umrüstung analog zur Lösung in Kehrsatz (Abb. 46).

Mindestens so wichtig für die akustische Wahrnehmung ist aber auch der Anteil hoher Frequenzen. Bei «schrillen» Geläuten werden selbst von einem üblichen Hörerstandort aus Frequenzen bis zu 12 000 Hz registriert, bei angenehmem Klang gehen die höchsten Emissionen kaum über 6000 Hz hinaus. Werden ca. 102 dBA und Frequenzspitzen um 8000 Hz deutlich überschritten, ist eine Lärmkritik am Geläut meist berechtigt. Dann fühlen sich auch die Kirchgängerinnen und Kirchgänger vom Geläute eher «angekläfft» statt eingeladen, und Anwohnende – auch Pfarrleute – äussern Missmut über das benachbarte Getöse. Auch das Fachpublikum, das dem Glockengeläute wie einer Kulturveranstaltung oder äquivalent zum Architekturtourismus aus Interesse und zu Dokumentationszwe-

Moderne Kirchtürme. Glockenlärmproblematik und neue Lösungsansätze

Abb. 44: Lyss, St. Maria, 1958–1959, Gebrüder Bernasconi, Umbau 1987. Der einst elegante, offene Kirchturm mit sichtbaren Glocken wurde komplett umgebaut.

cken nachreist, beklagt sich über hässliche oder zu laute Geläute, d.h. es gibt nach wie vor ein Interesse am angenehmen und würdevollen Glockenklang. Beginnt es am Sonntag vor Gottesdienstbeginn am Berner Münster zu läuten, beobachtet man zumeist mehrere Leute, die sich das Einläuten genussvoll anhören, bevor sie in die Kirche treten; das Läuten ist ihnen je nach individuellem Gedanken eine erste Andacht vor dem Gottesdienst, Musikgenuss, Symbol der Einladung oder – auch für zu Hause bleibende Anwohner – zumindest Vermittlerin sonntäglicher Stimmung. Setzt jedoch ein schrilles Geläute ein, beobachtet man oft, wie die Kirchgängerinnen und Kirchgänger sofort ins Gotteshaus «flüchten», einige – auch Passantinnen und Passanten– halten sich die Ohren zu. Mitunter scheinen es

Abb. 45: Hunzenschwil, Reformierte Kirche, 1959–1960, Zschokke & Riklin. Zur Abdämpfung des Glockenklangs verkleidete man 2015 sämtliche offenen Stellen der Turmarchitektur mit grünlich schimmerndem Glas.

Besucher und Besucherinnen sogar vorzuziehen, erst dann zum Gottesdienst zu kommen, wenn das Geläute verstummt ist. In solchen Fällen wird das Problem zwar erkannt, aber hilflos akzeptiert.

Lösungsansätze

Inzwischen blickt man bereits auf eine ganze Palette an Lösungsversuchen zurück. Eine Vielzahl der Geläute harrt allerdings noch der Verbesserung, und die Frage nach Aufwand und Ertrag, Denkmalerhalt und Kollateraleffekten stellt sich in jedem Fall neu. 1987 wurde der ursprünglich offene Turm der katholischen Kirche Lyss aufgrund des lauten Geläutes anlässlich einer Betonsanierung fast komplett eingekleidet (Abb. 44). Das Geläut wirkt nun nicht mehr so unangenehm, doch aus finanzieller und denkmalpflegerischer Optik wurde das Resultat teuer erkauft. Andernorts gab es kostengünstigere Versuche mit dem Einbau von Kunststoffmatten oder Blechlamellen, doch da für eine Dämpfung vor allem Masse nötig ist, blieb ein günstiger Effekt meist aus. In der katholischen Kirche Fällanden ZH wurden die ursprünglich über dem Kircheneingang offen inszenierten Glocken nach 20 Jahren eingehaust, bleiben jedoch aussen durch vier Paneele noch etwas angedeutet.

Die Sichtbarkeit der Glocken gehört aber in vielen Fällen zum visuellen Konzept, und die Beliebtheit des Spektakels schwingender Glocken ist, wie aus zahlreichen Diskussionen hervorgeht, nicht zu unterschätzen. Ausgehend vom neuen gläsernen Turm der Kirche St. Mauritius in Bonstetten, dessen Glockenklang einigermassen überzeugte, setzte um 2005 eine neue Mode ein, indem die ehemals offen hängenden Geläute mit Glas akustisch eingepackt wurden. Damit war die Sichtbarkeit nach wie vor gewährleistet, zusätzlich wurde der Turm vor Bewitterung geschützt (Abb. 45). Je nach Fall offenbart sich jedoch, dass Glas infolge Spiegelung oder Grünschimmer nicht mit Durchsichtigkeit gleichsetzbar ist. Und mehrere Beispiele haben gezeigt, dass der Grat zwischen zu leiser und zu lauter Schallwirkung äusserst schmal ist, denn ein Glaskasten schafft gegenüber dem offenen Turm in der Glockenstube selber zusätzlichen Resonanzraum. Solange beispielsweise Eckfugen etwas zu offen sind, dringt die Lautstärke derart dröhnend heraus, dass die Türme fast hermetisch bis zuunterst eingepackt werden müssen, um die gewünschte Schallpegelsenkung zu erreichen. Zugleich aber verringert sich in solchen Fällen die Austrittsfläche für Direktschall derart, dass sich ein extremer Unterschied zwischen der Nah- und Fernwirkung einstellt: Je nachdem verunmöglicht auf dem Kirchplatz nach wie vor ein greller Klang jegliche Gespräche, dafür wirkt dasselbe Geläute bereits in 20 m Entfernung grotesk dezent, als klänge es aus dem Nachbardorf hinüber – eine Art Kopfhörereffekt, der dem Sinn des Geläutes nicht gerecht wird. Zwar werden dabei die Anwohnenden deutlich weniger gestört, doch drängt sich dann die Frage nach der Funktion des Geläutes auf: ob es primär dazu da ist, geduldet zu werden, oder ob seine Funktion doch eher ist, in der Umgegend wahrgenommen zu werden und dabei zu erheben und zu erfreuen.

Es gibt Alternativen, bei denen die Aussenarchitektur unangetastet bleibt, das Geläut in der Nähe füllig, präsent und angenehm wirkt, aber auch in der Ferne noch hörbar ist. Entsprechende Konzepte sind eleganter, kostengünstiger und denkmalpflegerisch sinnvoller. Ein Schritt in diese Richtung wurde erstmals 2012 beim ökumenischen Zentrum in Kehrsatz bei Bern gemacht. Wie andernorts kreuzten sich auch dort die Wünsche nach einer gewissen Sichtbarkeit der Glocken und dennoch leiserem Klang. Hier versuchte man nun, das Problem bei der

Abb. 46: Kehrsatz, Ökumenisches Zentrum, 1975–1976, Benedikt Huber. Betonglockenstube fünf Meter über dem Boden neben dem Eingang. Die Glockenjoche wurden durch Metallplatten beschwert und die Klöppelvorschwünge eingekürzt, sodass Fallklöppel mit vergleichsweise langer Aufpralldauer die Glocken anregen.

Wurzel anzupacken, nämlich bei der Anregungstechnik der Glocken selbst. Durch die Anbringung von Obergewichten an den Tragbalken (Jochen) verlangsamte man den Schwungrhythmus minim, sodass die Klöppel nicht mehr mit der Glocke nach oben schwingen, sondern die hochschwingende Glocke als Fallklöppel am unteren Rand treffen, wie es in einigen europäischen Gegenden Brauch ist. Indem man zugleich die Klöppel unter dem Anschlagballen einkürzt, erhöht sich die Kontaktdauer des ohnehin bereits entschleunigt anschlagenden Fallklöppels, was die höchsten Frequenzen dämpft und für ein überraschend mildes Klangergebnis

Moderne Kirchtürme. Glockenlärmproblematik und neue Lösungsansätze **85**

Abb. 47: Pfäffikon ZH, St. Benignus, 1963, Richard Krieg.
Die Glocken hingen ursprünglich an geraden Stahljochen, welche zwecks Schalldruckpegelsenkung durch gekröpfte (gestelzte) Tragbalken ersetzt wurden. Im Vergleich zum leicht verlangsamenden System in Kehrsatz ähnelt der Schwungrhythmus dem herkömmlichen Läuten.

sorgt (Abb. 46).[3] Solche Umbauten haben eine Senkung des Schalldruckpegels von ca. 104 dBA auf 96 dBA oder der maximalen Höchstfrequenzen von 10 000 Hz auf 7000 Hz erbracht, was statistisch beträchtlich ins Gewicht fällt. Auch eine günstige Fernwirkung ist im Vergleich zu einer aufwendigeren Einschalung nach

---

3 Mit dem Vorhaben durchkreuzte sich eine Anbringung eines Plexiglaspaneels in der Schallöffnung der Eingangsseite, was den Schall zusätzlich stark dämmt. Auf der nach wie vor offenen Rückseite des Turms lässt sich der Effekt daher besser nachvollziehen.

Abb. 48: Bern, Reformierte Kirche Bethlehem, 1958–1960, Werner Küenzi. Offener Turm mit Platzverhältnissen, die keinen Jochumbau erlauben. Mit sinnvoll konstruierten Flugklöppeln ist gleichwohl eine erhebliche Lautstärkensenkung zu erwarten.

wie vor gewährleistet. Ein ähnlicher Effekt, allerdings mit weniger wirksamer Schallpegelsenkung, wird auch mit sogenannt gekröpften Läutesystemen erreicht, d.h. mit leicht gestelzten Glockenjochen, deren Schwungachsen tiefer liegen als die Klöppelaufhängung, sodass sie ebenfalls den Fallklöppel erfordern (Abb. 47). Die Pendelsysteme sind bei Fallklöppeln besonders sorgfältig aufeinander abzustimmen und mitunter nach einigen Monaten Läutedauer nochmals zu justieren: Bereits kleine Änderungen in der Klöppeldimensionierung können dazu führen, dass der Fallklöppel mit der Glocke gleichsam kollidiert oder aber nur knapp anschlägt. Noch vor wenigen Jahren waren solche Kröpfungen aufgrund der häufig installierten, klanglich ungünstigen Gegengewichtsklöppel zu Recht verpönt.

Mit richtig dimensionierten Fallklöppeln jedoch ist es gelungen, einen besonders zarten Anschlag zu erzielen, der auch die mitunter notwendigen Justierungsnacharbeiten im Anschluss an die Montage bei Weitem rechtfertigt. Das System hat nicht zuletzt den Vorteil, dass damit die Glocken weniger beansprucht werden, zudem lässt es sich auch in jenen Fällen einsetzen, wo statische Probleme oder Übereinstimmungen mit der Turmeigenschwingung bestehen.

Das Experimentierfeld in dieser Domäne ist noch nicht erschöpft. Es besteht durchaus auch Hoffnung, dass eine genügend markante Schalldruckpegelsenkung auch ohne Joch-Umbau und mit den hierzulande herkömmlichen Flugklöppeln möglich ist. Es gibt nicht wenige Installationen, bei denen es allein schon die Platzgründe gebieten, die geraden Joche beizubehalten (Abb. 48), und man darf optimistisch sein, dass auch in solchen Fällen klangliche Aufwertungen gelingen. Das klangästhetische Potenzial des Klöppels und der Läutesysteme gilt es bei Sanierungsmassnahmen stets besonders zu berücksichtigen, damit die Geläute nicht nur akzeptiert werden, sondern auch musikalisch überzeugen und nachhaltig erheben. Glockenexperten aus dem In- und Ausland haben die aufgeführten Beispiele mit Fallklöppeln sehr anerkennend beurteilt, der Musikwissenschaftler Hanns-Werner Heister hielt die Bezeichnung «Sanierung» angesichts der klanglichen Verbesserung für massiv untertrieben, und die spontane Äusserung einer jungen Sakristanin «Jetzt ist es megaschön!» ist nur eine von vielen positiven Wertschätzungen klanglicher Verbesserungen aus Sicht des Laienpublikums, das quantitativ weit überwiegt und letztlich der hauptsächliche Gewinner der Verbesserungen sein sollte.

Glockenklang kann einladen, erinnern, mahnen, trösten, erfreuen, zur Andacht anregen und vieles mehr. Soll das Geläute weiterhin zur Klangkulisse eines Orts gehören, muss es vom Kollektiv geschätzt und getragen werden. Solange das Läuten als Zeichen eine gewisse Notwendigkeit hatte, liess sich dessen ästhetischer Aspekt als zweitrangig bewerten. Doch je mehr der Glockenklang liturgisch entbehrlich ist, desto mehr wird er zum Nice-to-have, das zum Gegenstand der Kritik wird, wenn es als Belästigung empfunden wird und nicht mehr erfreut. Das Geläute hat heute mehr denn je auch unabhängig vom christlichen Gebrauch einen kulturellen Wert. Auch die säkulare Gesellschaft kann sich am Glockenklang freuen und durch das Läuten zum Innehalten und Nachdenken – letztlich einer Essenz des Gebets – bewegt werden. Und ein tragender, warmtöniger Klang wirkt allgemein einladender und regt leichter zu besinnlicher Stimmung und fruchtbaren Gedanken an als schrilles Geschepper.

Objektivierung und Reduktion. Zum Orgelbau der 1950er- bis 1970er-Jahre

Michael Meyer

Orgelbau ist ein Geschäft, in dem immer wieder heftige Auseinandersetzungen zu beobachten sind. Eine neue Orgel hat in der Regel eine längere Lieferfrist, wird fest installiert und muss nicht zuletzt des hohen Preises wegen ihren Dienst für wenigstens einige Dekaden verrichten. Eines der vielleicht spektakulärsten und am besten dokumentierten Beispiele aus der Geschichte des schweizerischen Orgelbaus stellt der Neubau der heutigen Zürcher Grossmünsterorgel dar, der 1960 von der Firma Metzler aus Dietikon bei Zürich ausgeführt wurde (Abb. 49) und der eine Kuhn-Orgel von 1876 ersetzte, die noch 1914 von derselben Firma modernisiert und vergrössert worden war (Abb. 50).[1] Diese stolze Zeugin aus der Zeit der Wiedereinführung anspruchsvoller Kirchenmusik in den zuvor kargen zürcherisch-zwinglianischen Wortgottesdienst, Zeugin auch der im Rausch der Industrialisierung und Urbanisierung aufstrebenden Kulturstadt Zürich, war nicht mehr erwünscht. Etwas Neues musste her. Federführend war der damalige Grossmünsterorganist Viktor Schlatter. Er initiierte in den 1950er-Jahren ein Neubauprojekt, für das die Firma Metzler aus Dietikon bei Zürich und der Orgelfachmann Poul-Gerhard Andersen aus Kopenhagen engagiert werden konnten. Dem Orgelneubau war ein regelrechter Orgelkrieg vorausgegangen, der die Orgelwelt Zürichs spaltete. Die Gegenpartei, angeführt von Emil Bächtold, dem Organisten der Zürcher St. Jakobskirche, wollte die alte Grossmünsterorgel retten und restaurieren. Bächtold verlegte sogar seinen Wohnsitz in die Altstadtgemeinde des Grossmünsters, um bei der entscheidenden Kirchgemeindeversammlung ein Stimmrecht zu erhalten und intervenieren zu können. Es ist wohl hauptsächlich auf das Selbstbewusstsein von Viktor Schlatter zurückzuführen, dass der Orgelstreit – der sich in zahlreichen Artikeln in den Zürcher Tageszeitungen spiegelt – letztlich zugunsten des Neubaus ausfiel. So soll Schlatter einem Gegner während einer Diskussion zugeraunt haben: «Wüssed sy, was de erscht Buechstabe vo mim Name heisst? V wie Viktor, ich wirde gwünne».[2]

1   Vgl. zu den beiden Kuhn-Orgeln: www.orgelbau.ch/op=100310; www.orgelbau.ch/op=104050 (5.2.2021).
2   «Wissen Sie, wie der erste Buchstaben meines Namens heisst? V wie Viktor, ich werde gewinnen.» Vgl. Rudolf Meyer, *ZweiOrgelnTag. Orgeln im Grossmünster Zürich (IV/P/67) und in der Grubenmannkirche Hombrechtikon (III/P/35) nach Dispositionen von Viktor Schlatter. Eine gemeinsame Veranstaltung von Metzler Orgelbau AG, Dietikon, und Orgelbau Kuhn AG, Männedorf, am 10. November 2007*, PDF-Dokumentation, aktuell einsehbar unter: http://peter-fasler.magix.net/public/ZHProfile3/zh_geroldswil_kath_htm_files/ZH_Hombrechtikon_2OrgelTag_Doku.pdf (5.2.2021). Zur heutigen Grossmünsterorgel vgl. Bernhard Billeter, «Die Orgel im Grossmünster

Objektivierung und Reduktion. Zum Orgelbau der 1950er- bis 1970er-Jahre 89

Abb. 49.: Die Metzler-Orgel (1960) im Grossmünster Zürich. Leicht zu erkennen ist die neobarocke Prospektgestaltung, in der die Teilwerke der Orgel deutlich hervortreten (vgl. Abb. 52).

Der Neubau der Grossmünsterorgel ist ein prominenter Ausdruck einer grundlegend veränderten orgelästhetischen Grosswetterlage, der Ausdruck eines Wandels, der sich seit den 1920er-Jahren zu vollziehen begonnen hatte und der eine Abkehr von der romantisch-symphonischen Orgel bedeutete. Man wollte weg von deren Grundtönigkeit, hin zu mehr Obertönigkeit, hin zu wieder «barocker» gedachten Konzeptionen. In diesem Beitrag wird die Kulminationsphase dieser Abkehr vom romantischen Orgelideal in der Schweiz in den Blick genommen, sprich der Orgelbau der 1950er- bis 1970er-Jahre. Nach einem knappen Überblick über die Anfänge dieses Wandels seit den 1920er-Jahren werden zwei Orgeln

Zürich», in: Max Lütolf (Hg.), *Orgeln in der Schweiz. Erbe und Pflege,* Kassel etc.: Bärenreiter, 2007, 321–336.

genauer betrachtet, die in zwei paradigmatische moderne Kirchen eingebaut wurden: die Orgel der 1964 erbauten Kornfeldkirche in Riehen sowie die Orgel der 1951 errichteten Kirche St. Felix und Regula in Zürich, die zu Beginn des Jahrs 1965 eingeweiht wurde. Ausgehend von ihnen sollen zentrale Leitvorstellungen der Orgelbauästhetik der 1950er- bis 1970er-Jahre vertieft betrachtet und versuchsweise unter die Schlagwörter «Objektivierung» und «Reduktion» gestellt werden. Dabei wird einerseits auf die Dispositionen und Gehäusegestaltungen, andererseits auf relevante Zeugnisse aus der orgelästhetischen Diskussion eingegangen. Entsprechend der interdisziplinären Ausrichtung des vorliegenden Bands wird abschliessend die Frage thematisiert, ob die damalige Orgelästhetik inhaltliche Parallelen zu Entwicklungen im modernen Kirchenbau aufweist, wobei insbesondere Zeugnisse aus dem reformierten Kontext zur Diskussion gestellt werden. Ausgespart bleiben der konkrete liturgische Gebrauch sowie entsprechende Diskussionen – sie würden den vorgegebenen Rahmen sprengen.

Orgelreform und Orgelbewegung

Die Prozesse, die zum Bau der Grossmünsterorgel führten und auch für die ästhetische Ausrichtung der beiden erwähnten Beispielinstrumente bestimmend waren, strahlten mehr oder minder und mit mehr oder weniger Verzögerung auf ganz Europa aus und werden in der Regel vereinfacht mit den Begriffen «Orgelreform» und «Orgelbewegung» zusammengefasst. Im 20. Jahrhundert lassen sich in der Schweiz zwei relevante Reformbewegungen unterscheiden. Die erste nahm ihren Ausgang zu Beginn des Jahrhunderts im Elsass, wobei der berühmte Tropenarzt, Theologe und Orgelsachverständige Albert Schweitzer und die Organisten Émile Rupp sowie Franz-Xaver Mathias zentrale Figuren waren.[3] Aus diesem Grund wird sie landläufig als «Elsässer Orgelreform» bezeichnet, die ihren Höhepunkt in den 1920er- und 1930er-Jahren erlebte und in den 1940er-Jahren langsam ausklang. Die zweite Bewegung etablierte sich ab den 1920er-Jahren und wurde zunächst von den deutschen Kirchenmusik- und Orgelspezialisten Hans Henny Jahnn, Christhard Mahrenholz u. a. angeführt. Diese sogenannte Orgelbewegung erlebte, auch unter dem Einfluss von Entwicklungen in Dänemark und in Holland, nach dem Zweiten Weltkrieg ihren grossen Aufschwung. Stein des Anstosses für die frühen «Orgelreformer» sowie die späteren «Orgelbeweger» war die Situation des Orgelbaus um 1900: Man trachtete danach, sich von der sogenannten

---

3 Siehe dazu im Überblick: Alfred Reichling, «Tendenzen des 19. und 20. Jahrhunderts», in ders., Art. «Orgel», in: *MGG online*, Sachteil 7, Sp. 1006–1009. Vgl. den nach wie vor grundlegenden Sammelband: ders. (Hg.), *Aspekte der Orgelbewegung*, Kassel etc.: Bärenreiter, 1995, sowie: Roman Summereder, *Aufbruch der Klänge. Materialien, Bilder, Dokumente zu Orgelreform und Orgelkultur im 20. Jahrhundert*, Innsbruck: Helbling, 1995, ²1999.

Abb. 50: Die ehemalige Kuhn-Orgel des Grossmünsters in Zürich (1876/1914).
Man beachte die neuromanische Prospektgestaltung mit entsprechendem Zierrat.

«Orchesterorgel» abzusetzen, vor allem derjenigen deutscher Bauart, die mit vielen Achtfussregistern ausgestattet war und in Sachen Klangdynamik und Klangfarben dem grossen Sinfonieorchester nacheiferte. Im Zuge der umfassenden Renaissance älterer Musik zu Beginn des 20. Jahrhundert trachte wollte man wieder über passendere Instrumente verfügen; die ‹Orchesterorgel› würde, so die Auffassung der Reformer, die für die Musik des 15. bis 18. Jahrhunderts so charakteristische Gleichberechtigung der Stimmen, die Polyphonie, in einer grundtönigen Klangsuppe ertränken.

In die schweizerische Orgelbaudiskussion fand die Elsässer Orgelreform in den 1920er-Jahren Eingang und erreichte ca. 1930 ihren Höhepunkt, mit Schlüsselinstrumenten wie der Goll-Orgel in der Klosterkirche Engelberg (1926) oder der Kuhn-Orgel im Berner Münster (1930). Entscheidend vorangetrieben wurde sie u.a. von den Orgelsachverständigen Ernst Schiess (1894–1981) und P. Stephan Koller OSB (1893–1984) sowie dem Musikwissenschaftler Jacques Handschin (1886–1955). Damals fungierte der Orgelexperte noch als eine Art Spiritus Rector, dem es oblag, die Disposition der Register und den Charakter der Intonation vorzuschreiben, also jene Eigenschaften, die entscheidend für den Orgelklang sind.[4] Die radikalere Orgelbewegung in der Schweiz begann in den 1940er-Jahren etwa mit dem Bau der Orgel in der Zürcher Wasserkirche im Jahr 1943 und kulminierte u.a. im Bau der Zürcher Grossmünsterorgel, wobei Viktor Schlatter generell ein zentraler Wortführer war. Wichtig ist ausserdem, dass sich die Schweizer Orgelszene zwischen diesen beiden Lagern in den 1940er- und 1950er-Jahren extrem polarisierte. Eine der spektakulärsten Fälle dieser Auseinandersetzung war in der Tat der Neubau der Grossmünsterorgel, wobei Emil Bächtold als Anhänger der Elsässer Reform sich gegen die neuere Strömung auflehnte. Ungefähr ab den 1960er-Jahren verebbte die Elsässer Reform zunehmend, und auch die Experten Schiess und Koller, die bis dahin noch vehement für das gemässigte Ideal eingetreten waren, begleiteten Neubauten, die man als orgelbewegt bezeichnen muss – so auch die Instrumente in der Riehener Kornfeldkirche und in St. Felix und Regula in Zürich.[5]

Wie unterscheiden sich nun die beiden Strömungen? Die Elsässer Orgelreform proklamierte eine Vereinigung von «Romantik» und «Barock» als Ideal, konkret den Orgelbau der Silbermannbrüder sowie von Aristide Cavaillé-Coll. Die glitzrige Frische des Orgelbaus des 18. Jahrhunderts und die farbige Gravität der französischen Orgelästhetik des 19. Jahrhunderts vereinigte man gegen die Achtfussorgel deutscher Prägung. Vereinfacht gesagt handelt es sich um ein universelles Orgelkonzept, das die Interpretation unterschiedlicher Stile erlauben sollte, sowohl der Musik Johann Sebastian Bachs als auch derjenigen Charles-Marie Widors. Die Orgelbewegung hingegen stand für ein sogenanntes «neobarockes» Klangkonzept, das man mit Hinweisen auf das 16. bis 18. Jahrhundert legitimierte. Man kehrte sich deutlicher von den Errungenschaften des 19. Jahrhunderts ab und suchte hellere, schlankere und schärfere Klänge. Aufgrund des Rekurses auf den Orgelbau vor dem 19. Jahrhundert weisen die beiden Strömungen durchaus auch eine Schnittmenge auf: Aus orgelbauerischer Sicht besteht diese u.a. aus der Wiederentdeckung des lückenlosen Prinzipalaufbaus bis zur

---

4 Vgl. Bernhard Billeter, «Ernst Schiess als Orgelexperte», in: *Acta organologica*, 3, 2009, 399–424; Marco Brandazza, «Der Orgel-Nachlass von Pater Stephan [sic] Koller (1893–1984)», in: *Musik und Gottesdienst*, 61, 2007, Heft 2, 67–72.

5 Vgl. zur Entwicklung der Elsässer Orgelreform in der Schweiz: Michael Meyer, «‹Dem konsequenten naturgegebenen Wachstum aller geistigen Werte entsprechend›: Orgelbauästhetik und Orgelbau in der Schweiz der 1920er- und 1930er-Jahre», in: Stefan Keym und Michael Meyer (Hg.), *Zwischen Retrospektive und Reform: Musik, Kunst und Kirche im frühen 20. Jahrhundert, Symposium in der KunstKlangKirche Zürich, 24. und 25. Februar 2017* [in Vorbereitung].

Mixtur, der Disposition von Aliquotregistern (Quinten, Terzen usw.) anstelle von solistischen Achtfussregistern sowie auch der Wiedereinführung der rein mechanischen Traktur (zuvor hatten Pneumatik und Elektropneumatik als hochmodern gegolten). Während aber die Reformorgeln immer noch eine gute Portion romantischer Zutaten aufweisen – meistens und auch bei kleinen Instrumenten in Form eines französischen Schwellwerks –, wurden die Neobarockorgeln in den 1950er-Jahren immer «steiler», d. h. immer obertonorientierter, manchmal nur noch mit – auch bei grösseren Instrumenten – zwei verschiedenen Achtfussregistern pro Manual. An diesem Punkt trennten sich die Wege, es kam zur Spaltung, wobei ein Übriges tat, dass die Orgelbeweger immer mehr Freude an grossen Lautstärken und an scharfen, rauen Klängen entwickelten. Ausserdem verzichtete man vermehrt auf Kernstiche, auf ein Intonationsmittel an der Kernspalte einer Labialpfeife. Dieser Verzicht liess viele seit den 1960er-Jahren neu gebauten Orgeln – zwecks einer klareren Polyphonie – zusätzlich zu einer tendenziell lauten Intonation einen spuckenden Tonansatz entwickeln.[6] Ernst Schiess, der vorerst gern über die radikalere Orgelbewegung spottete, soll zu einer Orgel mit kernsticharmer Intonation einmal gesagt haben: «Die macht ja tschutschutschutschutschu.»[7]

Die Orgeln in der Kornfeldkirche in Riehen und in St. Felix und Regula in Zürich

Die beiden Orgeln in der Kornfeldkirche in Riehen (Abb. 51) und in St. Felix und Regula in Zürich (Abb. 52) aus der Mitte der 1960er-Jahre lassen die beiden oben eingeführten Leitaspekte erkennen, sprich denjenigen der Reduktion sowie denjenigen der Objektivierung. Der erstgenannte offenbart sich vorderhand, wenn man die Dispositionen betrachtet (siehe die Dispositionsübersichten im Anhang des Beitrags). Beide weisen viele hohe und nur sehr wenige grundtönige Register auf. In der Disposition der Orgel von St. Felix und Regula finden sich bei einem Total von 32 Registern pro Manual jeweils maximal zwei labiale Achtfuss-Grundstimmen. Ausserdem wurden im Bereich der Zungenregister solche in obertöniger und schnarrender Bauweise bevorzugt (Krummhorn, Regal, Schalmei). In einer nach dem Elsässer Geschmack errichteten Orgel dieser Grösse würde man durchaus noch mehr verschiedene Grundregister sowie vollmundige Zungenregister wie z. B. eine überblasende Trompette harmonique nach Cavaillé-Coll finden, und zwar bei einer trotzdem prominenten Besetzung der hohen Lagen. Allerdings

---

6   Vgl. anschaulich bei: Friedrich Jakob, «Die Orgelbewegung in der Schweiz – dargestellt am Schaffen der Firma Kuhn in Männedorf», in: Reichling 1995 (Anm. 3), 121–138.
7   So hat dies der ehemalige Chefintonateur der Orgelbau Kuhn AG, Kurt Baumann (1935–2015), dem Verfasser anlässlich eines Gesprächs im Sommer 2013 berichtet.

verweist in St. Felix und Regula die Schwellvorrichtung des Oberwerks – es steht in einem geschlossenen Kasten, an dessen Front hinter den Prospektpfeifen zur Lautstärkeregulierung Jalousien angebracht sind – noch auf eine Forderung der Elsässer Orgelreform, nämlich auf diejenige, dass eine Orgel dynamisch flexibel zu sein hat.

Gerade das im 19. Jahrhundert popularisierte Schwellwerk galt den radikalen Orgelbewegern als Symbol einer Zeit der Dekadenz der Orgelkultur. Entsprechend fehlt diese Vorrichtung in der Kornfeldkirche. Wäre eine Orgel vergleichbarer Grösse in den 1930er-Jahren unter der Ägide der Elsässer Orgelreform erstellt worden, hätte das zweite Manual mit ziemlicher Sicherheit einen Schweller erhalten. Ansonsten gilt in Sachen Disposition dasselbe wie für die Orgel von St. Felix und Regula: sehr wenige Grundregister im 8' und 16'-Bereich, viele im hohen Bereich, und mit Krummhorn und Dulcian sind auch hier obertönige Zungenstimmen vertreten. Die verringerte Anzahl der Achtfussstimmen sowie der Verzicht des Schwellwerks lässt sich im Vergleich zur Hochkonjunktur der Elsässer Reform sowie der Zeit um 1900 als eine Art Reduktionismus beschreiben. Freilich wäre dieser auch noch an anderen dispositionellen sowie auch an technischen Aspekten zu exemplifizieren: Zu nennen wären hier die Verschmälerung des Repertoires verschiedener Achtfuss- und Zungenregister sowie die Vereinfachung der Spieltischausstattung und damit einhergehend der häufige Verzicht auf Spielhilfen wie Registercrescendo oder separate Registerausschalter.

In Riehen wirkte Ernst Schiess, in St. Felix und Regula Pater Stephan Koller als Orgelexperte: sozusagen zwei «Altmeister» der schweizerischen Spielart der Elsässer Reform, die jedoch ab den 1960er-Jahren auf den Kurs der Orgelbewegung einschwenkten, auch wenn sie beide nie zu den ganz Radikalen gehören sollten. Entsprechend würdigt Pater Stephan Koller in seinem Abnahmebericht die klangliche Dimension des von ihm begleiteten Neubaus: «Ohne auf Einzelheiten einzugehen, sei im Allgemeinen festgestellt, dass die Einzelstimmen differenziert & charakteristisch gestaltet sind [...], dass das Plenum der einzelnen Manuale dem Werkcharakter sehr gut entspricht & dass der gesamte Klangkörper – eine lückenlose Klangpyramide darstellend – von heller, klarer & strahlender Schönheit ist.» [8]

Ausgehend von dieser Würdigung lässt sich nun in einer kleinen Tour d'Horizon das Paradigma der Objektivierung illustrieren, das bereits in der Hochphase der Elsässer Reform sehr wichtig war. Ganz entscheidend sind hier die Adjektive «hell», «klar» und «strahlend». Sie verweisen just auf jene Diskussion, die in der Schweiz seit den 1920er-Jahren sehr intensiv um die Erneuerung der Orgel geführt wurde. Die verpönte «Orchesterorgel», so Schiess in einer Programmschrift aus dem Jahr 1948, sei «stumpf», heute pflege man dagegen eine «neu-

[8] Abnahmegutachten der Orgel St. Felix und Regula, Zürich; Archiv Orgelbau Kuhn AG, Männedorf.

Objektivierung und Reduktion. Zum Orgelbau der 1950er- bis 1970er-Jahre **95**

Abb. 51: Die Kuhn-Orgel der Kornfeldkirche in Riehen (1964). Entsprechend der zeitgenössischen Diskussion um den modernen reformierten Kirchenbau ist die Orgel seitlich angebracht und weist einen bescheidenen Prospekt auf, der Grossteil des Instruments steht hinter einem gitterartigen Blendwerk.

errungene Obertönigkeit».[9] Diese Obertönigkeit, auf die auch Koller anspielt, fand man in der Barockzeit, durch sie sollte, wie etwa der Zürcher Fraumünsterorganist Ernst Isler schon 1929 meinte, «Veredelung, Klärung und Charakterisierung des Orgelklangs» erreicht werden.[10] Man strebte nach einem Instrument, das, nach Aussage Jacques Handschins, «in der Hauptsache den Orgelklang als solchen

9 Vgl. zum Folgenden: Meyer [in Vorbereitung] (Anm. 5); Ernst Schiess, «25 Jahre Schweizerische Orgelbaureform», in: *Musik und Gottesdienst*, 2, 1948, 54–59, hier 55.
10 Ernst Isler, «Die St. Galler Tonhalle-Orgel», in: *Der Chorwächter*, 54, 1929, 57–58.

Abb. 52: Die Kuhn-Orgel der Kirche St. Felix und Regula in Zürich (1965). Im Unterschied zur abgebrochenen Kuhn-Orgel ist der Aufbau des Instruments in unterschiedliche Teilwerke deutlich erkennbar. Zeittypisch sind die klangbündelnden kastenartigen Gehäuseteile und das Rückpositiv.

darbietet».[11] Gerade dieser «Orgelklang an sich» wurde immer wieder als «objektiv» beschrieben – im Gegensatz zur Subjektivität des grundtönig-orchestralen, romantischen Orgelideals. Die Forderung nach Objektivität findet sich besonders ausdrücklich auch beim Winterthurer Organisten und Orgelexperten Karl Matthaei. Im Jahr 1937 stellte er sich gegen «die ich-erfüllte Bedingtheit [...] der Romantiker», gegen die «dem Orchester angeglichene Orgel» und forderte

11 Jacques Handschin, «Die Orgelbewegung in der Schweiz», in: Christhard Mahrenholz (Hg.), *Bericht über die dritte Tagung für deutsche Orgelkunst in Freiberg vom 2. bis 7. Oktober 1927*, Kassel etc.: Bärenreiter, 1927, 116–121, hier 121.

Abb. 53: Die Leu-Orgel in der Klosterkirche Rheinau (1715). Eines der vielen möglichen Vorbilder der Orgelbewegung für einen nach Teilwerken gegliederten Orgelprospekt mit Rückpositiv.

stattdessen, dass der Orgelklang «überpersönliche Gesetze» reflektieren sollte.[12] Bei Schiess «will die Orgel» gar «mit reinen, kompromißlosen Klängen und Harmonien zu uns vom Überzeitlichen reden», und zwar jenseits der «alten[n] romantische[n] ‹Zauberklänge›».[13] Es finden sich auch Äusserungen aus dem Ausland. So hat der Musikwissenschaftler Willibald Gurlitt 1929 für die neue Orgelästhetik, den Begriff der «Neuen Sachlichkeit» in die Diskussion eingeführt, ein die Künste und Disziplinen übergreifendes Schlagwort: «Heute […], wo in allen Bezir-

---

12 Karl Matthaei, «Von der neuen Orgel», in: *NZZ*, 12. September 1937, Sonderbeilage *Neue Kirche Wollishofen*, [e5–e6].
13 Schiess 1948 (Anm. 9), 59.

ken unseres Geisteslebens der Vorrang der Sachwelt vor der Ichwelt neu entdeckt wird, wo demzufolge ursprünglichere Zugänge zu der Musik und Musikanschauung älterer Epochen [...] sich eröffnen, [...] führt der Weg [...] von der Konzertorgel zu einer zukünftigen Kultorgel, d. h. [...] voran in eine neue ausdrucksentrückte [...] Klangwelt, die in ihrer ‹neuen Sachlichkeit› mit derjenigen der Barockorgel wesensverwandt ist. [...] In der musikalischen Klanganschauung der Gegenwart [...] gewinnt [...] die entromantisierte Orgel wieder an Boden.»[14]

Dieses Gedankengut aus den 1920er- und 1930er-Jahren sollte – zuzüglich des reduktionistischen Aspekts – auch für die Orgelbauästhetik der 1950er- bis 1970er-Jahre sehr wichtig bleiben. Die beiden Paradigmen lassen sich auch im Bereich der Prospektgestaltung diskutieren. Betrachtet man Orgelprospekte des späten 19. Jahrhunderts, so fallen häufig sogenannte «Neo-Stile» auf, wie sie freilich auch ansonsten in der Architektur noch in Mode waren. Im Grossmünster kam, in Anlehnung an die Architektur des Kirchenschiffs, eine neuromanische Prospektgestaltung zum Zug, leicht erkennbar an den Rundbögen der Prospektfelder (Abb. 50). Ausserdem lässt sich feststellen, dass diese Orgelprospekte – dem Geist der Zeit entsprechend – mehr oder weniger stark verziert sind. Hält man nun die Orgel von St. Felix und Regula dagegen (Abb. 52), dann fällt erstens auf, dass sich die Prospektgestaltung einer nüchternen und auf das Wesentliche reduzierten Formensprache bedient; Zierrat und Schwulst sucht man vergeblich. Zweitens wird klar, dass diese Gestaltung funktional und damit gewissermassen objektiv ist. Die verschiedenen Prospektfelder spiegeln auch das Innenleben der Orgel, die verschiedenen Teilwerke: in der Mitte das Hauptwerk, davor das Rückpositiv, darüber das schwellbare Oberwerk, links und rechts das Pedalwerk. Die architektonische Spiegelung des Werkprinzips ist eine Anregung aus dem barocken Orgelbau: Man vergleiche die Orgel von St. Felix und Regula mit der natürlich ungleich reicher verzierten Leu-Orgel von Rheinau, bei der Rückpositiv, Oberwerk und Hauptwerk sehr gut zu unterscheiden sind (Abb. 53). Eine gewissermassen noch radikaler reduktionistisch-funktionalistische Lösung stellt die Prospektgestaltung der Kornfeldkirche dar (Abb. 51). Sie ist auf eine Andeutung des sich in der Mehrheit hinter einer Gitterwand befindenden Pfeifenwerks reduziert, eine Gestaltungsweise, die bereits seit den 1920er- und 1930er-Jahren häufiger anzutreffen ist und um 1950 eine Alternative zur Sichtbarmachung des Werkprinzips darstellte.

---

14 Willibald Gurlitt, «Zur gegenwärtigen Orgel-Erneuerungsbewegung in Deutschland», in: ders., *Musikgeschichte und Gegenwart*, hg. von Hans Heinrich Eggebrecht, Wiesbaden: Steiner, 1966, Bd. II, 90–100, hier 99–100.

Abb. 54: Die Kuhn-Orgel (1948) der reformierten Markuskirche in Zürich-Seebach hat einen neusachlichen Freipfeifenprospekt und wurde seitlich aufgestellt, wodurch sie den Altarraum akzentuiert.

Parallelen zu Entwicklungen im Kirchenbau

Abschliessend ist auf die Frage nach Parallelen zu Entwicklungen im Kirchenbau einzugehen – freilich auf die Gefahr hin, in einer fremden Disziplin zu dilettieren. Zunächst scheint denkbar, dass der bei Gurlitt belegte Begriff der «Neuen Sachlichkeit» durchaus ernst genommen werden kann in dem Sinne, dass die orgelbauästhetische Diskussion an einer allgemeinen kulturgeschichtlichen Entwicklung partizipierte, die auch für die Architekturgeschichte Gültigkeit besass. Inwiefern der kunsthistorische Begriff der «Neuen Sachlichkeit» auch noch für Bauten wie die Kornfeldkirche (Abb. 18) oder St. Felix und Regula (Abb. 25, 26 und 78) zutrifft, sei dahingestellt. Die beiden Bauten wirken insofern sachlich, als sie eine klare, schmucklose und funktionale Formensprache aufweisen. Gerade aber «Klarheit» und «Schmucklosigkeit» sind auch Eigenschaften des Orgelbaus der Zeit um 1950, und zwar sowohl im klanglichen Bereich als auch im Bereich der Prospektgestaltung. So entspricht etwa die Sichtbarmachung der architektonischen Konstruktion in St. Felix und Regula dem Bestreben, die unterschiedlichen Werke der

Orgel abzubilden, die nackte Funktionalität der zelthaften Trägerkonstruktion der Gestaltung des Orgelprospekts, der den inneren Aufbau der Orgel offenbart. Ferner konnten innerhalb der evangelisch-reformierten Kirchenbaudiskussion Zeugnisse aufgefunden werden, die diese Befunde aus theologischer Perspektive vertiefen. Ein zentrales Phänomen scheint hier das Demuts- und Armutsideal zu sein, das im Zusammenhang mit dem modernen Kirchenbau immer wieder anzutreffen ist.[15] In der Architekturzeitschrift «Das Werk» findet sich 1967 im Zusammenhang mit der Ausschreibung für den Neubau kirchlicher Gebäude sogar eine kleine evangelisch-reformierte Programmschrift, die mit dem Titel «Das Ende des Kirchenbaus» überschrieben ist. Aufgrund der theologischen Prämisse, dass es «keine geographisch, quartierplanerisch oder architektonisch fest verankerte und sichtbare Abgrenzung zwischen ‹Kirche› und ‹Welt›» gäbe, sei der Kirchenbau im «herkömmlichen Sinn» obsolet, er entspräche nicht den «Strukturen und Bedürfnissen der zukünftigen Kirche». Weiter heisst es, «Kirchtürme, Glocken und Turmuhren» würden nicht «der Ermahnung zur christlichen Demut» förderlich sein und seien deshalb «eventuell wegzulassen». Und: «Die Kosten der meist viel zu teuren Orgeln sind auf ein tragbares Minimum zu reduzieren».[16]

Innerhalb der Diskussion um neue reformierte Kirchenraumkonzeptionen, wie sie sich etwa in der Zeitschrift «Das Werk» abbilden, wurde wiederholt auch die Frage nach der Platzierung der Orgel thematisiert. Auch diese steht im Zusammenhang mit dem neuen Ideal einer bescheidenen und gemeindezentrierten Kirche. So wird in der Baubeschreibung der 1948 eingeweihten Markuskirche in Zürich-Seebach (Abb. 54) erklärt, dass die Orgel seitlich platziert worden sei, weil sie nicht ins Blickfeld der Gemeinde gehöre und so auch besser in dieselbe integriert werden könne: «Als Begleitinstrument darf sie nicht mit einem großartigen Pfeifenprospekt den ganzen Kirchenraum beherrschen. Ihre seitliche Anordnung entspricht der Bedeutung, die ihr im Gottesdienst zukommt. Das Schwergewicht des Orgelprospekts ist bei uns von der Kanzel weg auf die gegenüberliegende Seite verlegt worden.»[17] Und kein geringerer als Karl Barth hat in einer 1959 in dersel-

---

15 Vgl. zu diesem Zusammenhang mit Blick auf den Kanton Aargau: Anke Köth, «Kirche zwischen Feier und Alltag. Christlicher Sakralbau im 20. Jahrhundert im Aargau, Teil 2: ab 1950», in: *Argovia*, 124, 2012, 8–44, sowie dies., «Neue Kirchen für eine neue Zeit. Christlicher Sakralbau im 20. Jahrhundert im Aargau, Teil 1: 1900–1950», in: *Argovia*, 123, 2011, 8–47. Ebenso zu diesem Zusammenhang mit Blick auf das Beispiel der Kornfeldkirche in Riehen: Johannes Stückelberger, *Die Kornfeldkirche in Riehen* (Schweizerische Kunstführer GSK) Bern: Gesellschaft für Schweizerische Kunstgeschichte, 2004.
16 Martin Girsberger, Paul Hotz und Robert Briner, «Das Ende des Kirchenbaus. Gedanken zur heutigen Situation des kirchlichen Bauens», in: *Das Werk*, 54, 1967, Heft 12, 815–818. Der Artikel fand offenbar auch Echos, vgl. Willi Keller, «Kirchenbau zwischen gestern und morgen», in: *Schweizerische Bauzeitung*, 86, 1968, 301–302. (mit Hinweis auf andere Publikationsorte des besagten Artikels: *Kirchenbote*, Nr. 10, 1967, sowie *Zürcher Kirchenblatt*, Nr. 2, 1968).
17 Ernst Hurter, «Die Markuskirche in Zürich-Seebach. 1948/49, Architekt BSA A.H. Steiner, Stadtbaumeister. Die theologischen Gesichtspunkte», in: *Das Werk*, 39, 1952, 48–54.

Abb. 55: Die Kuhn-Orgel (1937) der reformierten Kirche Wollishofen in Zürich-Wollishofen wurde hinter einem Gitterwerk versteckt, genauso auch die Musizierempore. Das Instrument befindet sich auf der linken Seite.

ben Zeitschrift zu findenden «Rundfrage über den protestantischen Kirchenbau» erklärt, dass «Orgel und Kirchenchor [...] als mehr oder weniger willkommenes, aber grundsätzlich auch entbehrliches Beiwerk *nicht* in den Blickpunkt der versammelten Gemeinde» gehören würden.[18] Diese und vergleichbare Überlegungen dürften für die unauffällige Gestaltung und seitliche Aufstellung der Orgel in der Kornfeldkirche von Bedeutung gewesen sein. Weiterführend wäre zu fragen, ob sich vergleichbare Zeugnisse bereits in der ersten Hälfte des 20. Jahrhunderts finden bzw. ob die gerade in den 1930er-Jahren bisweilen anzutreffenden «prospektlosen» Orgeln bereits auf ähnliche Diskussionen zurückzuführen sind. Als Beispiel kann hier das Instrument der 1935–1937 erbauten neuen reformierten Kirche Auf der Egg in Zürich-Wollishofen (Abb. 55) genannt werden, die zusammen mit der ganzen restlichen Musizierempore hinter einem Gitterwerk steht.[19]

18 Karl Barth, «Zum Problem des protestantischen Kirchenbaus», in: *Das Werk*, 46, 1959, 271, im Kontext einer «Rundfrage über den protestantischen Kirchenbau», ebd., 271–280.
19 Vgl. dazu, allerdings ohne Erklärung der Orgel- und Chorfrage: [o. A.], «Neue reformierte Kirche in Zürich Wollishofen. W. Henauer & E. Witschi, Architekten BSA, Zürich», in: *Das Werk*, 25, 1938, 297–301.

Abb. 56: In der römisch-katholischen Kirche St. Antonius in Wildegg von 1969 wurde auf eine Musizierempore verzichtet, das Instrument der Firma Goll (2014) befindet sich auf demselben Niveau wie die Gemeinde.

Auch in der römisch-katholischen Kirche wurden, besonders nach dem Zweiten Vatikanischen Konzil, Kirchen ohne Emporen realisiert. Man denke hier etwa an die 1969 geweihte Kirche St. Antonius in Möriken-Wildegg, wo 2014 von der Firma Goll ebenerdig schräg gegenüber dem Altar eine neue Orgel errichtet wurde (Abb. 56). Gleichzeitig scheint aber auch die klassische Lösung einer Empore mit Orgel gegenüber dem Altar möglich geblieben zu sein, man vergleiche dazu die 1965 eingeweihte Kirche Maria Krönung in Zürich-Witikon (Abb. 57), die den vom Zweiten Vatikanischen Konzil festgehaltenen Idealen Rechnung trägt und die neue Nähe von Zelebrations- und Gemeinderaum betont.[20]

Im Verlauf der 1970er-Jahre begann sich in der Schweiz die oben beschriebene Ideologisierung zu entspannen, es setzten eine Pluralisierung im Nachdenken über Orgelbau und Orgelspiel und seit den 1980er-Jahren auch eine Renaissance des 19. Jahrhunderts ein, man begann, Instrumente auch aus der Zeit um 1900 sorgfältig zu restaurieren. Seit Kurzem werden auch Orgeln aus den 1930er- und 1940er-Jahren sowie hervorragende Früchte der Orgelbewegung wie die heutige Grossmünsterorgel gewürdigt. So bergen Orgelbau und Orgeldiskussion der 1950er- bis 1970er-Jahre noch manche Forschungsdesiderate, insbesondere auch mit Blick auf

---

20 Vgl. https://pastoralraum-lenzburg.ch/wildegg/pfarrei-st-antonius/geschichte/ (8.2.2021) sowie *Festschrift zur feierlichen Weihe der 24. röm.-kath. Kirche von Zürich: Maria Krönung (in Witikon) am 5. September 1965*, Redaktion Ignatius Karl Schiele, Zürich: [o. V.], 1965.

Objektivierung und Reduktion. Zum Orgelbau der 1950er- bis 1970er-Jahre **103**

Abb. 57: In der römisch-katholischen Kirche Maria Krönung in Zürich-Witikon befindet sich auf der Musizierempore ein neobarockes Instrument der Firmen Edskes und Hauser (1983), dessen Prospektgestaltung einmal mehr dem Werkprinzip Rechnung trägt.

übergreifende kirchenmusik-, theologie- und kulturgeschichtliche Zusammenhänge. Dass sich die Weiterverfolgung disziplinübergreifender Perspektiven lohnen kann, mag ein Verweis auf den Beitrag von Matthias Walter in diesem Band verdeutlichen: So wie heute Kirchenläutwerke aus der Nachkriegszeit leiser eingestellt werden, gehört es zum Tagesgeschäft schweizerischer Orgelbaufirmen, die Lautstärke von Orgeln der 1950er- bis 1970er-Jahre zu zähmen. Genauso wäre zu fragen, inwiefern sich auch noch in den 1950er- bis 1970er-Jahren Spuren von konfessioneller und nationaler Identitätsstiftung in der Orgelbaudiskussion finden. Diese waren jedenfalls in der Zeit der Elsässer Orgelreform sehr wichtig. So hat etwa der katholische Orgelexperte Hermann Eigenmann 1931 erklärt, dass die sich in protestantischen Gefilden formierende Orgelbewegung «für uns katholische Organisten außer dem historischen nur wenig praktischen Wert» mit sich bringe. Der Neobarockorgel fehle das «Dynamische, Schwellende und Singende», weshalb sie «zur Chor- und Choralbegleitung» kaum geeignet sei. Genauso wenig könne man auf diesen an der «Frühbarockorgel» orientierten Instrumenten «unsere heutige, moderne Orgelmusik» spielen – in Summa: «Keine katholische Kirchenorgel!»[21] Und Schiess echauffierte sich 1956 gegenüber der Firma Kuhn, weil ihm die Intonation einer neuen Übungsorgel für das Konservatorium Bern zu orgelbewegt erschien, was er als unschweizerisch taxierte – ihm galt, wie auch anderen, just die von Albert Schweitzer propagierte Vereinigung von französischem und deutschem Orgelbau als Merkmal des schweizerischen Orgelbaus: «Ich frage mich nun ernsthaft, ob die Fa. Kuhn bereit ist, dem irrigen deutschen Geschmack Konzessionen zu machen. Da ja bei Ihnen zwei ganz hervorragende französische Intonateure tätig sind, verstehe ich nicht, dass man jüngere Leute in dem angeführten Stil arbeiten lässt. So darf ich wohl der Hoffnung Ausdruck geben, dass die Geschäftsleitung diesen irrtümlichen, für unseren Kulturkreis unpassenden Methoden mit der nötigen Bestimmtheit entgegentritt.»[22]

Anhang: Orgeldispositionen

Kornfeldkirche Riehen Orgelbau Th. Kuhn AG, Männedorf 1964 Schleifladen, mechanische Spieltraktur, elektropneumatische Registertraktur II/P 21	
I. Hauptwerk C–g3	**II. Positiv C–g3**
Principal 8' Rohrflöte 8' Octave 4' Spitzflöte 4' Nachthorn 2' Sesquialtera 2f. 2 $^2/_3$' Mixtur 4–5f., 2' Trompete 8'	Gedackt 8' Prinzipal 4' Rohrflöte 4' Principal 2' Larigot 1 $^1/_3$' Scharf 4f. 1' Krummhorn 8'
Pedal C–f1	
Subbass 16' Principal 8' Gedackt 8' Octave 4' Mixtur 4f. 2 $^2/_3$' Dulcian 16'	Koppeln: II–I, II–P, I–P

21 Hermann Eigenmann, «Orgel der Vergangenheit – moderne Orgel. Vortrag […] vom 13. September 1931 in Herisau», in: *Der Chorwächter*, 1932, 9–15, 26–28, 42–45, 57–60, 81–84, hier 84.
22 Schreiben von Ernst Schiess an die Firma Kuhn, 18. November 1956; Archiv der Orgelbau Kuhn AG. Zitiert nach Michael Meyer, «Zwischen Historismus und Postmoderne. Die Geschichte der Orgelbau Kuhn AG», in: Dieter Utz (Hg.), *Die Orgelbauer. Das Buch zur Geschichte von Orgelbau Kuhn 1864–2014*, Männedorf: Verlag Orgelbau Kuhn, 2014, 313–408, 409, Endnote 24.

St. Felix und Regula, Zürich Orgelbau Th. Kuhn AG, Männedorf 1965 Schleifladen, mechanische Spieltraktur, elektropneumatische Registertraktur III/P 32	
II. Hauptwerk C–g3	**I. Rückpositiv C–g3**
Quintatön 16'	Rohrgedackt 8'
Principal 8'	Praestant 4'
Gemshorn 8'	Koppelflöte 4'
Octave 4'	Sesquialtera 2f. 2 $^2/_3$'
Nachthorn 4'	Principal 2'
Octave 2'	Larigot 1 $^1/_3$'
Mixtur 4–6f. 1 $^1/_3$'	Cymbel 3–4f. $^2/_3$'
Trompete 8'	Krummhorn 8'
Oberwerk (schwellbar) C–g3	**Pedal C–f1**
Gedackt 8'	Principal 16'
Salicet 8'	Subbass 16'
Principal 4'	Octave 8'
Rohrflöte 4'	Spitzflöte 8'
Nasat 2 $^2/_3$'	Octave 4'
Waldflöte 2'	Mixtur 4f. 2 $^2/_3$'
Scharf 4f. 1'	Posaune 16'
Regal 8'	
Schalmei 4'	Koppeln: III–II, I–II, I–P, II–P, III–P
Tremolo	

Kirchgemeindezentren – und was spätere Generationen daraus machen

Johannes Stückelberger

Die modernen Kirchenbauten haben inzwischen ein Alter erreicht, wo erste Sanierungen und Renovationen anstehen. Diese unterscheiden sich, was Materialien und Technik anbelangt, unwesentlich von Sanierungen anderer Bauten dieser Zeit. Ein durchgehendes Thema ist der alternde Beton mit abgeplatzten Stellen und freigelegten Armierungseisen. Andere Themen sind mangelnde Isolationen von Wänden und Dächern, Lüftungen, Heizungen und technische Anlagen. Fast überall sind auch Asbestsanierungen notwendig. Kirchen insbesondere der Nachkriegszeit wurden oft mit kleinen Budgets gebaut, sodass bisweilen grössere Renovationen notwendig sind.[1]

Sanierungen bringen bei den Kirchenbauten oft auch partielle Neugestaltungen mit sich, die insbesondere bei den Gottesdiensträumen ins Auge fallen: Man organisiert den liturgischen Bereich leicht anders, man bringt mehr Farbe in den Raum, man reduziert die Zahl der Beichtstühle, man setzt neue Leuchtkörper ein, die eine variable Beleuchtung ermöglichen, man passt die Räume atmosphärisch den heutigen Bedürfnissen an. Zum Teil sind solche Veränderungen einem ästhetischen Zeitgeschmack geschuldet, zum Teil spiegeln sie aber auch ein gewandeltes Verständnis von Kirche. Multifunktionalität versus Sakralität ist ein Hauptthema, das bei Neugestaltungen von Kirchen diskutiert wird. Besonders betroffen von dieser Diskussion sind die Gottesdiensträume in den Kirchgemeindezentren, die in der Regel als multifunktionale Räume konzipiert und gebaut wurden und die man heute oftmals resakralisiert.

Was spätere Generationen aus den Kirchgemeindezentren machen, soll hier am Beispiel des katholischen Kirchenzentrums St. Petrus in Embrach gezeigt werden. Das 1980 errichtete Zentrum erlebte innerhalb von vierzig Jahren zwei Sanierungen beziehungsweise Renovationen. Beim ersten Mal wurde das Zentrum baulich erweitert, beim zweiten Mal wurde der Gottesdienstraum einer Auffrischung und Neugestaltung unterzogen. Die Massnahmen sind auf den ersten Blick wenig spektakulär, achtet man jedoch auf die Details, so erkennt man spannende Entwicklungen, die – so lässt sich vermuten – etwas zu tun haben mit dem Wandel des Kirchenverständnisses im 21. Jahrhundert. Was in Embrach gemacht wurde, ist

---

1 Ausgangspunkt für den vorliegenden Aufsatz ist das Referat, das der Architekt Urs Geiger am Schweizer Kirchenbautag 2019 über die von ihm realisierte und damals vor dem Abschluss stehende Sanierung des Kirchenzentrums St. Petrus in Embrach gehalten hat. Der Autor dankt Urs Geiger für die Informationen und Unterlagen, die er von ihm erhalten hat, sowie für den anregenden mündlichen Austausch.

Kirchgemeindezentren – und was spätere Generationen daraus machen

Abb. 58: Embrach, St. Petrus, 1980, Felix Loetscher und Robert Tanner. Blick von Südosten

durchaus exemplarisch und liesse sich an vielen anderen Beispielen beider Konfessionen in ähnlicher Weise diskutieren.

Wie moderne Kirchen und Kirchgemeindezentren heute renoviert werden, sagt etwas über die heutige Generation aus, aber auch etwas über die Generation, die die Kirchen gebaut hat. Wenn wir uns heute überlegen, wie wir eine Kirche unseren aktuellen Bedürfnissen anpassen wollen, sind wir automatisch damit konfrontiert, was sich unsere Vorfahren zu diesem oder jenem überlegt haben. Oft lernen Kirchgemeinden ihre Kirchenbauten erst bei Renovationen richtig kennen, wenn es darum geht, zu entscheiden, was man belassen und was man verändern will. Im Folgenden wird zuerst der ursprüngliche Bau des Embracher Kirchenzentrums vorgestellt, anschliessend ein detaillierter Einblick gegeben in die Massnahmen der beiden Sanierungen und am Schluss über die Gründe der Veränderungen nachgedacht.

Der ursprüngliche Bau (1980)

Obwohl die Embracher Katholiken seit 1924 mit der Kapelle St. Petrus einen eigenen Gottesdienstort besassen, gehörten sie bis 1974 zur Pfarrei von Bülach. 1976 schrieben sie einen Architekturwettbewerb für eine eigene grössere Kirche aus, den die Architekten Felix Loetscher und Robert Tanner gewannen. Baubeginn war 1979, eingeweiht wurde die Kirche am 15. Juni 1980.[2]

Der Bau ist ein Kirchgemeindezentrum, er gehört also zu jenem Typus von Kirche, der seit den 1960er-Jahren bevorzugt errichtet wurde. Typisch für diesen Typus ist, dass er in einem Gebäude verschiedene Räume vereint. In Embrach sind dies die folgenden Räume: Kirchturm, Kirchenraum mit Hebebühne, Stuhlmagazin, Sakristei, Beichtraum, Putzraum/Blumenraum, Foyer, Garderobe, Toiletten, Küche, Mehrzweckzimmer, Büro, Sitzungszimmer, Pfarrhaus, Jugendraum, Garage/Geräteraum, Velounterstand.[3] Es fehlt in dieser Aufzählung ein Saal. In der Tat gab es im ursprünglichen Bau keinen eigenen Saal, vielmehr wurde der Kirchenraum gleichzeitig als Gemeindesaal genutzt, jedenfalls mehr als die Hälfte davon, die sich mit einer Schiebewand vom restlichen Raum abtrennen liess, der ausschliesslich als Sakralraum diente.

Das äussere Erscheinungsbild des Gebäudes mit seiner geringen Höhe lässt dieses nicht sofort als Kirche erkennen (Abb. 58). Einzig der Turm, der jedoch nur wenig über die übrigen Gebäudeteile hinausragt, gibt mit der offenen Glockenstube und dem aufgesetzten Kreuz einen Hinweis. Unter dem Kirchturm hindurch gelangt man in ein grosszügiges Foyer mit Garderoben und Toilettenanlagen, von dem aus man rechts durch vier doppelflügelige Türen den Kirchenraum betreten kann (Abb. 61). Links grenzt ein Mehrzweckzimmer an, neben den Garderoben ist eine kleine Küche, und über eine Treppe gelangt man zu den im Untergeschoss befindlichen Jugendräumen. Der Kirchenraum ist als Querraum konzipiert (Abb. 59). Rechts, vor einer konkav gerundeten Chorwand, befindet sich der liturgische Bereich, links ist die Wand mit fünf Fenstern geöffnet (Abb. 60). Weiteres Tageslicht erhält der Raum durch zwei Oberlichtfenster, das

---

2   Zur Geschichte der Katholischen Pfarrei St. Petrus Embrachertal [heutiger Name] sowie des Kirchenzentrums: Ernst Gassmann, *Katholisch Embrach. Festschrift anlässl. des 50-jährigen Bestehens der St.-Petrus-Kirche 1924–1974*, Embrach, 1974; Katholische Kirchenpflege Bülach/Embrach (Hg.), *Kirchenzentrum St. Petrus Embrach*, Embrach 1980; Pfarrei St. Petrus (Hg.), *Raum für Menschen. 25 Jahre Kath. Kirchenzentrum St. Petrus. Einweihung der Erweiterung 2./3. Juli 2005*, Embrach, 2005; Pfarrei St. Petrus (Hg.), *Andachtsraum St. Petrus Embrachertal* [Flyer], Embrach, 2006; «Embrach St. Petrus», in: Markus Weber, *Sakrales Zürich. 150 Jahre Katholischer Kirchenbau im Kanton Zürich*, 2 Bde., Ruswil: Archipel Verlag, 2018, Bd. 2, 507–509; http://www.sakralbauten.ch/index.php/alphabetisch/57-embrach-kirche-st-petrus (15.7.2021); https://de.wikipedia.org/wiki/St._Petrus_Embrachertal (15.7.2021).
3   Die Bezeichnungen der Räume sind dem Grundrissplan von 1980 entnommen.

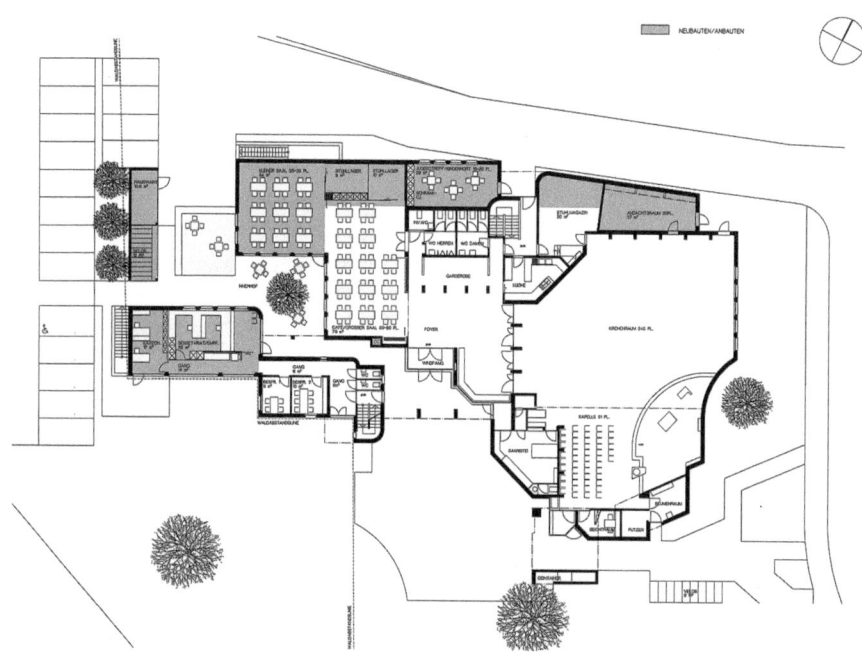

Abb. 59: Embrach, St. Petrus, 1980, Felix Loetscher und Robert Tanner. Grau unterlegt sind die Räume der 2005 durch Walter Hollenstein realisierten Erweiterung des Zentrums.

eine über den Eingangstüren, das andere an der linken Seitenwand. Den Kirchenraum erreicht man auch über einen zweiten Zugang, der von aussen direkt in den rechten Teil führt, der bei geschlossener Schiebewand als Werktagskapelle dient und wo sich auch der Beichtort sowie ein Kerzentisch befinden.

Mit seinen lediglich 4,5 Metern Höhe ist der Raum verhältnismässig niedrig und wirkte im ursprünglichen Bau entsprechend dunkel. In die Lochplattendecke eingelassene Lampen, die im Chorbereich quadratische Muster aus vier bzw. neun Elementen bildeten, lieferten künstliches Licht. Ein auffallendes Merkmal war der grüne Teppich, der dem Raum etwas Geerdetes gab. Auf dieses Grün abgestimmt waren die furnierten Holzteile des als Tisch gestalteten Altars, des Ambos und des Taufsteins. Auf die weissen Wände der Kirche nahmen die weiss gestrichenen Sockel von Ambo und Taufstein Bezug. Der mit einer künstlerisch gestalteten Bronzetüre versehene Tabernakel war eingelassen in ein aus der Backsteinwand heraustretendes Relief, das die Jakobsleiter symbolisierte. An der rechten Chorwand hing ein die ganze Höhe des Raums einnehmender Wandteppich mit einer geometrisch aufgelösten Darstellung des Kreuzes in Rot-, Orange- und Ockertönen. Die künstlerische Ausstattung des Chorbereichs schuf die Künstlerin Ro Studer-Koch, in Zusammenarbeit mit Felix Loetscher. Zu dieser Grundausstattung kamen später an der Chorwand noch ein neoromanisches Holzkruzifix sowie eine Pietà dazu, neben dem Beichtstuhl eine Marienstatue sowie an der Rückwand der Kirche ein Kreuzweg.

Das Kirchenzentrum St. Petrus in Embrach folgt einer Typologie, die die beiden Architekten Felix Loetscher (1934–2021) und Robert Tanner (geb. 1936), die seit 1961 ein gemeinsames Architekturbüro führten, auch bei anderen Kirchen umsetzten. Neben Embrach bauten sie vier weitere katholische Kirchen sowie eine reformierte Kirche: St. Ulrich in Winterthur-Rosenberg (1969–1971), St. Martin in Seuzach (1970–1972), St. Stefan in Wiesendangen (1980–1981), Bruder Klaus in Bäretswil (1989–1990) sowie die reformierte Kirche Wettswil (1992). Ausserdem gestalteten sie 1976–1977 die Kirche St. Josef in Winterthur-Töss, einen Bau von 1914, neu.[4] Alle ihre Bauten zeichnet eine relative Schlichtheit aus. Die Gottesdiensträume sind so konzipiert, dass die Gemeinde im Halbkreis um den liturgischen Bereich herum sitzt. Besonders wichtig waren den Architekten die Verbindung von Sakral und Profan sowie die Multifunktionalität der Bauten. Dass sie das Projekt für die Kirche in Wiesendangen unter dem Namen «Treffpunkt Foyer» einreichten, kann als Hinweis darauf gedeutet werden, dass sie das Foyer letztlich als das Herzstück des Zentrums betrachteten.[5] Es ist der Ort, von dem aus man in alle Räume gelangt, in solche mit sakralen und in solche mit profanen Funktionen. Für St. Ulrich in Winterthur-Rosenberg schlugen sie für die Marienkapelle einen grossen Tisch vor, um den sich die Gemeinde sowohl zum Abendmahl als auch zum weltlichen Mahl hätte versammeln können. Die Idee wurde allerdings nicht umgesetzt.[6]

Auch das Kirchenzentrum in Embrach ist ein multifunktionaler Bau. Der Auftraggeber, die Kirchgemeinde, konnte sich dafür auf viele gebaute Vorbilder, aber auch auf kirchliche Dokumente berufen. 1973 gab die Schweizerische Pastoralplanungskommission im Einverständnis mit der Schweizer Bischofskonferenz eine Schrift heraus unter dem Titel «Was ist beim Bau von kirchlichen Zentren zu beachten? Empfehlungen und Richtlinien zum Pfarreizentrenbau». Eine zweite ergänzte Auflage erschien 1977.[7] Das Dokument geht davon aus, dass das Kirchgemeindezentrum der gegenwärtig legitimste Kirchenbautypus ist. Begründet wird dies theologisch damit, dass Gott dort am intensivsten gegenwärtig sei, wo die Gemeinde sich in seinem Namen versammelt. Der Kirchenbau müsse deshalb vom Gedanken des Versammlungsraums her verstanden und entworfen werden. Eine zweite Begründung ist eine ekklesiologische: «Man gibt sich Rechenschaft, dass

---

4   Zum Werk der Architekten Felix Loetscher und Robert Tanner: https://de.wikipedia.org/wiki/Felix_Loetscher (15.7.2021); https://de.wikipedia.org/wiki/Robert_Tanner (15.7.2021).
5   https://de.wikipedia.org/wiki/St._Stefan_(Wiesendangen) (15.7.2021).
6   https://de.wikipedia.org/wiki/St._Ulrich_(Winterthur-Rosenberg) (15.7.2021).
7   *Was ist beim Bau von kirchlichen Zentren zu beachten? Empfehlungen und Richtlinien zum Pfarreizentrenbau*, hg. von der Pastoralplanungskommission im Einverständnis mit der Schweizer Bischofskonferenz, St. Gallen: PPK, 1. Auflage: Oktober 1973, 2. ergänzte Auflage: April 1977.

Abb. 60: Embrach, St. Petrus. Der Gottesdienstraum des ursprünglichen Baus von 1980

Christus in der Gemeinde gegenwärtig ist, wenn immer sie sich ‹in seinem Namen› versammelt, und das kann geschehen nicht nur in der Liturgie, sondern auch z. B. zur Wahl des Pfarreirates, zu Diskussion und Beschlussfassung, und in weiterem Sinn zu künstlerischen Veranstaltungen, zu einem Familienabend usw.»[8] Die Schlussfolgerungen daraus lauten: «Theologisch lässt sich kein Grund namhaft machen, der zum Bau eines spezifischen und andere Funktionen ausschliessenden Gottesdienstraumes zwingen würde. Dass alle Tätigkeiten, welche die Gemeinde ‹im Namen Christi› vollzieht, in seiner Gegenwart geschehen, spricht sogar eher für eine Vielfalt von Gemeindehandlungen in dem Raum, in dem auch die Liturgie vollzogen wird.»[9] Gleichzeitig wird empfohlen, die eucharistischen Gestalten in einem von den übrigen Räumen abtrennbaren Andachtsraum aufzubewahren. Nicht unerwähnt bleibt, dass die «polyvalente» Verwendung eines Gemeinderaums aber auch mit Problemen verbunden sein kann, in psychologischer und organisatorischer Hinsicht.[10]

8 Ebd., 7.
9 Ebd., 9.
10 Ebd., 9–10.

Abb. 61: Embrach, St. Petrus. Das Vestibül, Blick Richtung Gottesdienstraum

Erweiterung (2005)

Zwei Jahrzehnte nach seiner Eröffnung erwies sich das Kirchenzentrum in Embrach bereits als zu klein. Die Zahl der Mitglieder der Pfarrei hatte sich von 2000 auf 4000 verdoppelt, ausserdem gab es mehr Mitarbeitende. Der Winterthurer Architekt Walter Hollenstein wurde beauftragt, das Zentrum um einen grossen Saal zu erweitern, der sich in drei kleinere Säle unterteilen lässt. Ausserdem kamen ein Raum mit Tageslicht für die Jugendlichen sowie Arbeitsräume für die Angestellten dazu (Abb. 59 und 62). Die An- und Umbauten verbinden sich mit dem ursprünglichen Bau auf harmonische Weise und erhalten dessen schlichtes Erscheinungsbild. In der Publikation «Raum für Menschen. 25 Jahre Kath. Kirchenzentrum St. Petrus» schreibt Fridolin Schnelli, der damalige Präsident der Kirchenpflege: «Mit dieser Erweiterung soll das Kirchenzentrum noch mehr zu einem Ort werden, an dem lebendige Begegnungen, kirchliche Feiern und gemeinschaftliche Anlässe in vielseitigen Formen mit- oder auch nebeneinander möglich sind. Weiterhin ‹am Weg zu einer Kirche der Zukunft› soll das neue Zentrum der gewachsenen Pfarrei St. Petrus eine verheissungsvolle Zukunft geben, in dem ein vielseitiges Pfarreileben angeboten werden kann. Es soll für alle Mitchristen und Generationen ein Ort der Einkehr und der Lichtblicke sein, ein Begegnungszentrum, in dem nachhaltige Anlässe stattfinden.»[11]

---

11 Pfarrei St. Petrus (Hg.) 2005 (Anm. 2), 7. «Am Weg zu einer Kirche der Zukunft» ist ein Zitat aus den «Gedanken zum Kirchenbau» des Architekten Felix Lötscher von 1980. Vgl.: Pfarrei St. Petrus (Hg.) 2005 (Anm. 2), 6.

Im gleichen Zuge erhielt das Zentrum einen weiteren Anbau, den ebenfalls Walter Hollenstein realisierte: einen vom Kirchenraum her zugänglichen Andachts- oder Meditationsraum (Abb. 63). Der lediglich 19 m² grosse Raum wird durch indirektes Tageslicht beleuchtet. Drei Ausstattungselemente laden die Besucherinnen und Besucher zur Besinnung, zur Stille, zum Gebet ein. Erstens ist dies ein schlichtes Holzkreuz aus Buchenholz und Granitstein, das der Obwaldner Künstler Alois Spichtig im Jahr 2006 geschaffen hat, zweitens ein mit Natursteinen gefüllter Umlauf, in den ein Brunnen integriert ist, und drittens ein Ensemble von drei blauen Bildern, auf die drei Erzählungen aus dem Neuen Testament geschrieben sind, deren verbindendes Element das Wasser ist: 1. die Begegnung von Jesus und der samaritanischen Frau am Jakobsbrunnen (Joh 4,3–26), 2. der Gang Jesu auf dem Wasser und die Angst des Petrus unterzugehen (Mt 14,22–33), 3. die Fusswaschung im Anschluss an das letzte Abendmahl (Joh 13,1–20). Die drei Texte erzählen von drei Botschaften des Evangeliums: vom lebendigen Wasser, das Jesus spendet und das den Durst nach Leben und Sinn stillt, von Angst, Zweifel und Vertrauen sowie von Liebe und Dienen. Das künstlerische Konzept des Raums sowie die drei Bilder stammen vom Zürcher Künstler Urs Kamm.[12]

Neugestaltung des Gottesdienstraums (2019)

2011 fasste die Kirchgemeinde eine Neugestaltung des Kirchenraums ins Auge, die 2018–2019 umgesetzt wurde. Drei Architekten wurden eingeladen, sich zu den folgenden Themen Gedanken zu machen: Altargestaltung, mehr Licht, Verdunklungsmöglichkeiten, Boden, Decke, helles Farbfenster mit Petrus-Sujet. Den Zuschlag erhielt das Büro Kaufmann Architekten (heute K Plus Architekten) mit Sitz in Rapperswil-Jona, die Federführung innerhalb des Büros übernahm Urs Geiger, dipl. Architekt FH/SIA. Geiger legte zwei Varianten vor, die Variante Maxi mit einer Erhöhung der Decke im Chorbereich und indirektem, auf die Chorwand fallendem Licht sowie die Variante Mini mit einem einfachen Oberlicht über dem liturgischen Bereich. Die Kirchgemeinde entschied sich für die teurere Variante.

Um die Decke im Chorbereich zu heben, wurde auf dem Flachdach ein Aufsatz errichtet, der nach Südwesten Fenster aufweist, durch die indirektes natürliches Licht auf den liturgischen Bereich und die Wand dahinter fällt. Zu diesem zentralen Element der Neugestaltung kamen weitere bauliche Massnahmen hinzu, die alle dazu beitragen, dass der Raum heute heller wirkt (Abb. 64). Ein feiner Terrazzoboden, für den Sand aus der Umgebung von Embrach verwendet wurde, ersetzt den ursprünglichen grünen Teppich. Die Wände aus Sichtstein wurden, ausser an der Rückwand, mit einem Verputz in einem hellen, warmen Farbton überzogen. Die Rasterdecke ersetzte man durch eine Decke aus Gipsplatten, die mit feinsten

12 Pfarrei St. Petrus (Hg.) 2006 (Anm. 2).

Abb. 62: Embrach, St. Petrus. Der Erweiterungsbau von Walter Hollenstein, 2005.
Blick von Westen

Akustiköffnungen versehen sind. Künstliches Licht spenden zahlreiche, in unregelmässiger Anordnung in die Decke eingelassene Lampen.

Die Chorwand, die ursprünglich im rechten Teil drei kantige Ecken aufwies, wurde mit einem kleinen Eingriff in Form einer konkav gerundeten vorgebauten neuen Wand beruhigt und harmonisiert. Der Rand der Decke zum Lichtschacht hat eine leichte Gegenkrümmung, sodass sich vor der Chorwand die Decke in einer langgezogenen Ellipsenform öffnet. Auf den Wunsch des Auftraggebers, die Chorstufen zu entfernen, konnte nicht eingegangen werden, da sich darin die Bodenheizung befindet. Für die unbefriedigende Situation der Platzierung der Muttergottes an der Wand zwischen dem Nebeneingang und dem liturgischen Bereich fand man eine Lösung, die darin besteht, dass man das dahinter befindliche Beichtzimmer durch Herausbrechen der Mauer zum Kirchenraum hin öffnete und so einen kleinen Andachtsraum gewann, in dem die Statue einen neuen Platz erhielt (Abb. 65). Rechts von ihr sind der Kerzenkasten und das Anliegenbuch, in die Stirnwand links ist der früher im liturgischen Bereich befindliche Tabernakel eingelassen, und in der Laibung des Wanddurchbruchs steht auf einer Halterung das Ewige Licht. Der Raum ist mit einem rot gesprenkelten Blau ausgemalt, mit Ausnahme eines gelben Streifens um den Tabernakel.

Ein zentraler Bestandteil der Neugestaltung sind die neuen liturgischen Möbel. Frédéric Dedellay, Roland Koch, Jörg Niederberger, Mundy Nussbaumer mit Michael Bianchi sowie Ruth Maria Obrist wurden zu einem Studienwettbewerb

Abb. 63: Embrach, St. Petrus. Andachtsraum, im Norden an den Gottesdienstraum angrenzend, 2005, Walter Hollenstein. Kreuz von Alois Spichtig, Bilder von Urs Kamm

eingeladen, den Jörg Niederberger gewann. Zu gestalten galt es: Ambo (mit Ablagefläche für Evangeliar), Altar, Kreuz (ohne Corpus) im Altarraum, Sedilien, Osterkerzenständer und Taufbecken. Gewünscht wurde, dass alle liturgischen Objekte verschiebbar sind, sodass sie bei Bedarf auch im Kirchenschiff aufgestellt werden könnten, ausserdem, dass für sie helles, bearbeitetes (d. h. nicht roh belassenes) Naturholz verwendet wird. Zum Altar heisst es in der vom Seelsorgeteam verfassten Aufgabenstellung: «Der Altar ist für uns ‹Tisch› (dort feiern wir Tischgemeinschaft mit Jesus, Einladung an den Tisch des Herrn), er darf, soll in keiner Form an einen Opferblock erinnern.»[13]

Jörg Niederberger überzeugte die Kunstkommission damit, dass er keinen bis ins Detail ausformulierten Entwurf vorlegte, sondern in Aussicht stellte, die Auftraggeberin in den Entwurfsprozess miteinzubeziehen. Die Gestaltung und Ausführung der liturgischen Objekte realisierte er in enger Zusammenarbeit mit dem Architekten sowie mit der «Kloster Schreinerei Engelberg», namentlich mit Theo Zihlmann. Die aus feingliedrigem Eschenholz hergestellten Objekte weisen eine einheitliche, sie alle verbindende Formensprache auf, deren Hauptmerkmal die nach unten sich verjüngenden Beine bzw. Sockel sind (Abb. 64). Umgekehrt ergibt sich dadurch die Wirkung, als würden die Möbel sich nach oben öffnen, vergleich-

---

13 *Kunstwettbewerb katholische Kirche Embrach*, 2019 [Typskript, Dokumentation der Wettbewerbsentwürfe, Umfang 203 Seiten], 2.

bar einem Segensgestus mit erhobenen Armen. Dies lässt die liturgische Ausstattung als angenehm dynamisch erscheinen. Diese Dynamik zeichnet auch das griechische Kreuz an der Chorwand aus, das sich von einem leicht aus der Achse verschobenen, auf die Wand gemalten gelben Kreis dahinter abhebt. Der Kreis lässt an eine Sonne, einen Heiligenschein oder eine Oblate denken, durch die Farbe Gelb stellt sich ausserdem eine Verbindung zum Tabernakel in der Andachtsnische ein.

Das Gelb erscheint im Kirchenraum neu noch an einer dritten Stelle, nämlich in den fünf Fenstern links vom Altarbereich, die ebenfalls Jörg Niederberger gestaltete. Die für den Künstler typische, aus Farbwolken bestehende Malerei will nicht motivisch gelesen sein, sondern entfaltet ihre Kraft durch die Farbigkeit und die Dynamik der einzelnen Formen und ihrer Verteilung über die fünf Fenster, die zusammen zu einem grossen Bild werden. Als Farben verwendete Niederberger Silbergelb sowie Emailfarben, die er auf die leicht geätzten, opaken Scheiben auftrug und, in Zusammenarbeit mit dem Glasatelier Marc Boder in Grenchen, in mehreren Arbeitsschritten einbrannte.

Der früher an der Chorwand hängende Wandteppich wurde in die Neugestaltung der Kirche nicht mehr integriert, übernommen hat man jedoch den Kreuzweg an der Rückwand, der um eine weitere, fünfzehnte Station ergänzt wurde, die mit dem Thema Ostern ein Bindeglied zu den neuen Farbfenstern darstellt. Ebenfalls noch aus der «alten» Kirche stammen die Stühle, deren Farbe jedoch derjenigen der neuen liturgischen Möbel angepasst wurde. In der Grundbestuhlung von 250 auf 120 reduziert, sind sie wie bisher in einem Viertelkreis um die Altarinsel angeordnet. Dank der Schiebewand, die immer noch vorhanden ist, kann der Raum weiterhin in zwei kleinere Hälften unterteilt werden. Vom Seelsorgeteam angedacht ist auch die Möglichkeit, für kleinere Feiern den Abendmahlstisch in die Mitte des Raums zu stellen und die Stühle darum herum anzuordnen.

Natürlich hat man den Bau auch technisch saniert. Am Mauerwerk gab es nichts zu machen, jedoch hat man eine Asbestsanierung vorgenommen, das Dach stärker gedämmt, die Fenster ersetzt und die Lüftung erneuert.

Gründe für die Veränderungen

Das Kirchenzentrum St. Petrus in Embrach wurde in der relativ kurzen Zeit von vierzig Jahren zweimal umgebaut und neugestaltet. Funktionale, liturgische und ästhetische Bedürfnisse waren der Grund dafür, Schäden am Bau spielten kaum eine Rolle. Im Wesentlichen wurden drei Massnahmen umgesetzt. Erstens schuf man zusätzliche Räume für Gemeindeanlässe, womit man die ursprüngliche Idee und Praxis aufgab, alle Anlässe, auch nicht-gottesdienstliche, im Kirchenraum durchzuführen und diesen multifunktional zu nutzen. Zweitens baute man an den Gottesdienstraum einen kleinen Andachtsraum oder Raum der Stille an. Mit ein

Abb. 64: Embrach, St. Petrus, Gottesdienstraum nach der Neugestaltung durch Urs Geiger, 2019. Gestaltung des liturgischen Bereichs durch Jörg Niederberger

Grund dafür war, dass sich das ursprüngliche Konzept, bei geschlossener Schiebewand das rechte Drittel des Gottesdienstraums als Werktagskapelle zu nutzen, als unbefriedigend erwiesen hatte. Die Proportionen des Raums waren unvorteilhaft, die Trennwand wirkte wenig einladend. Drittens frischte man den Gottesdienstraum auf, machte ihn heller, erneuerte die liturgischen Orte und schuf für die stille Andacht eine kleine Nische, in der der neu hier positionierte Tabernakel als Anbetungs- und Aufbewahrungsort aufgewertet wurde und die Statue der Muttergottes einen würdigeren Platz erhielt.

Embrach ist kein Einzelfall. Bei vielen anderen Kirchgemeindezentren, sowohl katholischen als auch reformierten, wurden in den letzten zwanzig Jahren ähnliche Umbauten und Neugestaltungen vorgenommen. Am stärksten betroffen sind die Gottesdiensträume, die in den meisten Fällen heller, hallender und damit sakraler gestaltet werden. Auch verabschiedet man sich vielerorts von deren Multifunktionalität, indem man zusätzliche Gemeinderäume oder aber vereinzelt auch einen neuen Gottesdienstraum schafft. Weitere Themen sind die Berücksichtigung von Wünschen und Bedürfnissen der Migrationsgemeinden, die die Kirchen mitbenutzen, sowie von Personen, die sie für die private Andacht aufsuchen.

Für diese Entwicklungen gibt es unterschiedliche Gründe. Zunächst sei daran erinnert, dass sich der Kirchenbau in seiner zweitausendjährigen Geschichte dauernd gewandelt hat, bedingt durch den Wandel der Theologie, der Liturgie und des Kirchenverständnisses. Was eine Kirche ist, ob Haus Gottes oder Haus der

Gemeinde, wurde von den verschiedenen Konfessionen und zu verschiedenen Zeiten unterschiedlich beantwortet. In der zweiten Hälfte des 20. Jahrhunderts dominiert – sowohl bei den Reformierten als auch bei den Katholiken – im neuen Bautypus des Kirchgemeindezentrums das Konzept von Kirche als Haus der Gemeinde. Dass die Gottesdiensträume in diesen Zentren in der Regel keine sakrale Atmosphäre aufweisen, hat zum einen mit ihrer oben beschriebenen Multifunktionalität zu tun, zum andern damit, dass man damals auch aus theologischen Gründen einer zu starken Sakralität gegenüber kritisch eingestellt war. Sakralität hatte, zumindest in der katholischen Kirche, den Beigeschmack des Klerikalismus. Im Geist des Zweiten Vatikanischen Konzils war eine Demokratisierung der Kirche angesagt.[14]

Fünfzig Jahre später ist die Situation eine andere. Die Gemeinden sind nicht mehr in gleicher Weise wie nach dem Vatikanum vom Geist der Erneuerung, des Aufbruchs getragen. Das kirchliche Leben ist disparater geworden. In den Gottesdiensten, an denen längst nicht mehr die ganze Gemeinde teilnimmt, stellt sich nicht mehr im gleichen Mass wie früher die Erfahrung von Gemeinschaft ein. Das Fehlen dieser Erfahrung führt zu einer stärkeren Orientierung am Göttlichen. Als Rahmen dafür wünscht man sich entsprechend einen Raum mit einer sakralen Atmosphäre. Ein zweiter Faktor, der heute bei der Resakralisierung der Gottesdiensträume eine Rolle spielt, sind die Migrationsgemeinden, die in der Schweiz im modernen Kirchenbau mit einem Typus konfrontiert werden, den sie aus ihren Herkunftsländern nicht kennen. Bei Neugestaltungen versucht man auf sie Rücksicht zu nehmen, was oftmals kein einfacher Prozess ist. In der Planungskommission, die die Neugestaltung des Embracher Kirchenzentrums von 2019 begleitete, waren Mitglieder aus acht Nationen vertreten. Entsprechend divers waren die Vorstellungen bezüglich Verschiebbarkeit der liturgischen Orte, des Standorts des Tabernakels und der Muttergottesstatue, der künstlerischen Gestaltung der Fenster und anderem.

Und schliesslich spielt bei Neugestaltungen auch die heute beobachtbare stärkere Individualisierung der Frömmigkeitspraktiken eine Rolle. Der in Embrach 2005 gebaute Andachtsraum nimmt diese Entwicklung auf. Er ist nicht für Gottesdienste gedacht, sondern dient Einzelpersonen und kleinen Gruppen dazu, still zu werden, zu meditieren. Zusätzlich wird der Raum, seit der Aufhebung des früheren Beichtstuhls, für persönliche Beicht- und Seelsorgegespräche genutzt. Auch an dieser Stelle wurde nach einer multifunktionalen Lösung gesucht. An Meditationsangeboten finden sich im Raum nicht nur christliche, sondern auch allgemeinere Symbole wie Steine, Wasser, Licht und die Farbe Blau. Der Ort

---

14 Vgl. die Beiträge von Urban Fink, Anke Köth, Katrin Kusmierz und Johannes Stückelberger (Bilderlosigkeit und Bilder) in dieser Publikation.

Abb. 65: Embrach, St. Petrus. Andachtsnische auf der Südseite des Gottesdienstraums, 2019, Urs Geiger. Farbgestaltung von Jörg Niederberger. Der Tabernakel stammt aus dem ursprünglichen Bau von 1980.

folgt dem Typus Raum der Stille, wie er seit der Jahrtausendwende vielerorts gebaut wird als Angebot für Angehörige verschiedener Glaubensrichtungen.[15]

Die Multifunktionalität der Gottesdiensträume in den Kirchgemeindezentren wurde schon zur Zeit der Erbauung zum Teil kritisch beurteilt.[16] Doch gab es in den Gemeinden offenbar eine Mehrheit, die sie wollte. Wenn heute diese Multifunktionalität aufgegeben wird – wenn auch längst nicht überall – und die Räume resakralisiert werden, gibt es Stimmen, die dies als Beleg für das Scheitern des ursprünglichen Konzepts werten. Es mag sein, dass man damals den Bogen überspannt und das Bedürfnis der Menschen nach Sakralität unterschätzt hat. Doch tut man mit dieser Wertung der Gründergeneration Unrecht, die sich bewusst für dieses Konzept entschieden hat. Wenn wir es heute anders sehen, ist dies dem

---

15 U.a.: Johannes Stückelberger, «Multireligiöser Sakralbau», in: Albert Gerhards und Kim de Wildt (Hg.), *Der sakrale Ort im Wandel* (Studien des Bonner Zentrums für Religion und Gesellschaft), Würzburg: Ergon-Verlag, 2015, 231–242.

16 Für die Diskussion innerhalb der reformierten Kirche siehe: Johannes Stückelberger, «Kirche als funktionaler Raum», in: Ralph Kunz, Andreas Marti und David Plüss (Hg.), *Reformierte Liturgik – kontrovers*, Zürich: Theologischer Verlag Zürich, 2011, 219–228.

Wandel des kirchlichen Lebens, der kirchlichen Strukturen und der persönlichen Religiosität zuzuschreiben. Kirchenbauten sind Spiegel ihrer Zeit, und als solche unterliegen sie historischen Bedingungen.

Wenn, wie in Embrach, Kirchgemeindezentren erweitert und neugestaltet werden, so spricht dies nicht gegen, sondern für das ihnen zugrunde liegende Konzept. Kirchgemeindezentren sind, gerade wegen ihrer Multifunktionalität, weiterhin attraktive Orte für ein lebendiges Gemeindeleben. Die Gegenwart ruft, nicht zuletzt im Hinblick auf erweiterte Nutzungen der kirchlichen Gebäude, nach flexiblen Nutzungsmöglichkeiten. Die Kirchgemeindezentren bieten diese Möglichkeiten und sind insofern Bauten nicht nur mit einer Geschichte, sondern auch mit einer Gegenwart und Zukunft.

Denkmalpflegerischer Umgang mit Kirchen der Nachkriegszeit

Bernhard Furrer

Sofern sie als Baudenkmäler identifiziert sind, stehen moderne Kirchen in der Obhut der Denkmalpflege. Gleich zu Beginn sei klargestellt: Denkmalwürdige moderne Kirchen unterscheiden sich in der grundsätzlichen Betrachtung nicht von anderen Baudenkmälern. Gegenüber dem Gesamtbestand der Bauten zeichnen sie sich dadurch aus, dass sie ihre geschichtliche Epoche in besonders umfassendem Mass repräsentieren. Dabei ist es nicht von Bedeutung, welche Facette der Geschichte sie bezeugen, die Kirchen-, die Architektur-, die Technik- oder die Kunstgeschichte. Für alle Kirchen, denen aufgrund ihrer Eigenschaft als besonders wichtiges Zeugnis Denkmalwert zugeschrieben wird, hat sich die Denkmalpflege dafür einzusetzen, dass sie sowohl in ihrer Materialität, mithin ihrer baulichen Substanz, wie auch in ihrer Erscheinung am Äusseren und im Inneren möglichst unverändert erhalten bleiben.[1] Dies kann nur dann gelingen, wenn neben der Öffentlichkeit vor allem auch die Nutzerinnen und Nutzer, die Gottesdienstbesucherinnen und -besucher, die Pfarrpersonen und Behördenmitglieder vom Wert ihrer Kirche überzeugt sind.

Drei Besonderheiten

Es gibt für Nachkriegskirchen indessen einige spezifische Voraussetzungen. Zum einen hat die Architektur der Nachkriegszeit in der öffentlichen Wahrnehmung ganz allgemein einen schweren Stand, ist weitgehend ungeliebt und wird kaum beachtet.[2] Dies gilt teilweise auch für die Kirchen jener Epoche, die zuweilen als uninspiriert, seelenlos und monoton charakterisiert und mit Bezeichnungen wie geistliche Turnhalle[3] oder Seelenabschussrampe[4] persifliert werden. Bei Renovationen wird ihnen mitunter arg mitgespielt. Einzelne kirchliche Bauten, etwa die Kapelle Sogn Benedetg in Sumvitg[5], sind dagegen schweizweit anerkannt, andere

---

1 Diese Forderung betrifft meist nicht das gesamte Gebäude; oft gibt es Teile, die keinen Denkmalwert besitzen und daher für Veränderungen offenstehen, sofern sich diese ins Ganze eingliedern.
2 Bernhard Furrer, *Das Kreuz mit der Nachkriegsarchitektur: ungeliebt und unbeachtet,* Bern: eigene E-Publikation, 2019 (www.bernhard-furrer.ch/wp-content/uploads/2020/06/Das-Kreuz-mit-der-Nachkriegsarchitektur-_-klein.pdf).
3 Reformierte Petruskirche Bern, Architekt Max Böhm, 1949.
4 Reformierte Kirche Effretikon, Architekt Ernst Gisel, 1961. Der Turm wurde als Giraffentränke bezeichnet.
5 Caplutta Sogn Benedetg in Sumvitg, Architekt Peter Zumthor, 1987–1988.

Abb. 66: Genève, Temple de la Roseraie, 1960–1961, Claude Grosgurin

zählen längst zu den Spitzenwerken, so beispielsweise die Wallfahrtskirche von Ronchamp, die Weltkulturgut geworden ist.⁶ Für das authentische Überleben der wichtigen Nachkriegskirchen ist es entscheidend wichtig, dass die in der Öffentlichkeit weit verbreitete generelle Ablehnung der Nachkriegsarchitektur korrigiert wird. Immerhin entsteht allmählich eine breite Literatur, die nicht bloss Einzeldenkmäler betrifft, sondern auch grundsätzliche Fragen erörtert. Wichtig ist weiter, dass die vorhandenen Grundlagen, auch die denkmalpflegerischen Inventare, veröffentlicht werden.⁷ Der Umgang mit Kirchen wird ferner durch die offiziellen

---

6   Chapelle Notre-Dame-du-Haut de Ronchamp, Architekt Le Corbusier, 1955.
7   Lucie K. Morisset, Luc Noppen und Thomas Coomans (Hg.), *Quel avenir pour quelles églises?/What Future for which Churches?* Montréal: Presses de l'Université du Québec, 2006; René Pahud de Mortanges, Jean-Baptiste Zufferey (Hg.), *Bau und Umwandlung religiöser Gebäude. Le patrimoine religieux face à l'immobilier et la construction*, Zürich: Schulthess, 2007; Johannes Stückelberger (Hg.), *Kirchenumnutzungen. Der Blick aufs Ganze*, [Themenheft von:] *Kunst und Kirche*, 4, 2015; «Kirchenumnutzungen. Réaffectation d'églises. Chiese adibite a nuova destinazione», [Themenheft von:] *Kunst + Architektur in der Schweiz*, 1, 2016; Eva Schäfer, *Umnutzung von Kirchen. Diskussionen und Ergebnisse seit den 1960er-Jahren.* Kromsdorf/Weimar: Bauhaus Universitätsverlag, 2018; Hubert Halbfas, *Die Zukunft unserer Kirchengebäude*. Ostfildern: Patmos, 2019; Johannes Stückelberger, *Erweiterte Nutzung kirchlicher Gebäude. Praxishilfe*, Bern: Reformierte Kirchen Bern Jura Solothurn, 2019; ausführliche Literaturliste zu Kirchenumnutzungen: https://www.schweizerkirchenbautag.unibe.ch (30.4.2021)

Abb. 67: Genève, Temple de la Roseraie, 1960–1961, Claude Grosgurin, Glasmalereien von Isaac-Charles Goetz

Verlautbarungen der kirchlichen Gremien beeinflusst.[8] Für die Wahrnehmung durch das breite Publikum und die lokale Wertschätzung sind fundierte und gleichzeitig allgemeinverständliche Artikel in den örtlichen Kirchenzeitungen sowie Vorträge und Führungen, bei denen insbesondere den direkt betroffenen Kirchenmitgliedern die Eigenheiten und Qualitäten «ihrer» Kirche erläutert werden, unerlässlich.

Eine zweite Besonderheit ist die grosse Zahl von Kirchenbauten, die nach dem Zweiten Weltkrieg entstanden ist. Rasch expandierende Städte mit neuen Stadtteilen benötigten zusätzliche Quartierkirchen, und der Zuzug ausländischer Arbeitskräfte aus katholisch geprägten Ländern bedingte zahlreiche neue römisch-katholische Kirchenbauten. So machen beispielsweise in der Stadt Zürich die modernen Kirchen nicht weniger als die Hälfte aller Kirchenbauten aus.

Damit kommt als dritte Spezifität die verhältnismässig geringe zeitliche Distanz ins Spiel, die die heutige Generation zu den Bauten hat. Sie erschwert nicht

---

[8] Markus Sahli und Matthias D. Wüthrich (Hg.), *Wohnung Gottes oder Zweckgebäude? Ein Beitrag zur Frage der Kirchenumnutzung aus evangelischer Perspektive* (SEK Impuls 4), Bern: Schweizerischer Evangelischer Kirchenbund, 2007; *Empfehlungen für die Umnutzung von Kirchen und kirchlichen Zentren*, hg. von der Schweizer Bischofskonferenz, Freiburg Schweiz, 2006.

Abb. 68: Thun, Johanneskirche, 1965–1967, Werner Küenzi

bloss, wie beschrieben, die Akzeptanz in der Öffentlichkeit, sondern auch das Einordnen der Objekte in Bezug auf den Denkmalwert durch die Fachleute, die sich noch nicht auf umfassende und fundierte wissenschaftliche Arbeiten abstützen können. Die Personen, die sich in der Schweiz intensiv mit den Kirchenbauten der Nachkriegszeit befasst haben, die Entwicklungen abschätzen und auf gesicherter Basis die bedeutenden Werke vom Durchschnitt unterscheiden können, sind an einer Hand abzuzählen.

Aufarbeitung und Kommunikation

Die Schwierigkeiten, die sich namentlich für die Nachkriegskirchen aus der grossen Zahl von Bauten und dem relativ geringen zeitlichen Abstand ergeben, dürfen nicht verhindern, dass frühzeitig ein vollständiger und denkmalpflegerisch gewichteter Überblick über die kirchlichen Bauten nach 1945 geschaffen wird.[9] Dies muss im Bewusstsein erfolgen, dass Gewichtungen, die aus geringer zeitlicher Dis-

---

9 Ein Anfang ist mit der «Datenbank Moderner Kirchenbau in der Schweiz» auf der Webseite des Schweizer Kirchenbautags gemacht, die 1000 Kirchen, Kapellen und Klöster, die seit 1950 in der Schweiz gebaut wurden, erfasst: https://www.schweizerkirchenbautag.unibe.ch (30.4.2021)

Abb. 69: Thun, Johanneskirche, 1965–1967, Werner Küenzi. Die Bewahrung der Anlage für kirchliche Zwecke wurde ermöglicht durch das Engagement von Privatpersonen.

tanz erfolgen, vorläufig und in Generationenabständen zu überprüfen und gegebenenfalls zu revidieren sind. Mehrere Schweizer Kantone verfügen bereits über Spezialinventare zu Nachkriegskirchen, teilweise unterschieden nach den beiden hauptsächlich betroffenen Konfessionen, der evangelisch-reformierten und der römisch-katholischen Landeskirche.[10] Diese Inventare basieren auf der Entstehungs- und Baugeschichte und berücksichtigen allfällige spätere Veränderungen.[11] Dabei werden die Bauten nach ihrem Denkmalwert, mithin nach ihrer Stellung als besonders wichtige Zeugnisse ihrer Zeit, eingestuft.[12] Es ist entscheidend wichtig, dass diese Inventare mit ihren inhaltlichen Grundlagen und Erwägungen öffentlich zugänglich gemacht werden.[13]

10 Beispiele dafür sind die Städte Zürich (Stadt Zürich, Amt für Städtebau, Inventarisation Denkmalpflege, Grün Stadt Zürich *Gartendenkmalpflege: Inventarergänzung Bauten, Gärten und Anlagen 1960 bis 1980*, Zürich 2013; mit spezifischem Kapitel zu Sakralbauten) und Genf (Service de l'inventaire des monuments d'art et d'histoire, Département du territoire, Office du patrimoine et des sites, *Recensement architectural des lieux de culte RALC*, mené par Lola Cholakian Lombard, historienne de l'art. Genève 2018).
11 Wenn denkmalpflegerische Inventare bis in die jüngere Vergangenheit nachgeführt sind und nach Bautypen abgerufen werden können, sind solche Spezialinventare natürlich nicht nötig.
12 Denkmalpflegerische Inventare beziehen sich in ihren Wertungen immer auf eine bestimmte Region.
13 Es gibt mehrere Schweizer Kantone, die über keine umfassenden Inventare verfügen oder von deren Inventaren bloss die Grunddaten einsehbar sind.

Die passive Kommunikation einer Veröffentlichung genügt indessen nicht. In einigen Schweizer Kantonen und Städten hat die Denkmalpflege nach Vorliegen eines Inventars über die Kirchen der Nachkriegszeit aktiv den Kontakt mit den betreffenden Kirchgemeinden gesucht. Auf Basis der wissenschaftlich begründeten Aussagen des Inventars strebte sie dabei an, den künftigen Umgang mit den Kirchen festzulegen. Der Kanton Genf beispielsweise stellte eine bestimmte Zahl von Kirchen in gegenseitigem Einvernehmen formell unter Schutz, während bei anderen Kirchen der Eigentümerschaft volle Handlungsfreiheit in der Zukunft verbrieft wurde.[14]

Das Beispiel zeigt, dass es bei Kirchenbauten in Zukunft vermehrt um die grundsätzliche Entscheidung zu Abbruch, Umnutzung oder Restaurierung gehen wird. Während die Erfahrungen und Regeln bei Abbruch und Restaurierung klar sind, sind die Verhaltensweisen bei Umnutzungen vielfältig, weshalb sie im Folgenden detaillierter besprochen werden. Dabei wird der Fokus auf Beispiele in der Schweiz gelegt.

Durch sorgfältige Inventarisierung, offensive Vermittlung und vorausschauende Absprache mit den Beteiligten, mithin durch Aktion statt Reaktion, klare Verhältnisse zu schaffen, ist gerade in der heutigen Zeit ausserordentlich wichtig. In manchen Städten und Agglomerationen werden die bestehenden kleinen Einzelkirchgemeinden aufgehoben und in einer Gesamtkirchgemeinde zusammengefasst. An der Spitze der neuen Verwaltungen stehen nicht mehr Personen mit lokalem, kirchlichem Hintergrund, sondern Manager, die den Kirchenbetrieb wie eine Unternehmung nach wirtschaftlichen Gesichtspunkten führen. Durch den Verkauf von kirchlichen Liegenschaften im Hinblick auf eine lukrative Neubebauung können Einnahmen generiert und Schulden getilgt werden.

Abbruch

Als Beispiel einer solchen Operation sei der protestantische Temple de la Roseraie in Genf (Abb. 66 und 67) genannt, der 1956–1961 von Architekt Claude Grosgurin (1912–2010) erbaut worden war.[15] Der im Grundriss konische Raum war von einer Rippenkonstruktion gedeckt, und Fenster mit lebhaft farbigen Verglasungen von Isaac-Charles Goetz (1897–1969) erhellten ihn. Nach dem Zusammenschluss mehrerer Kirchgemeinden[16] wurde die Kirche nicht mehr gebraucht und nach eini-

---

14 Wo keine Einigung erzielt werden konnte, bleibt das Schicksal dieser (kleinen Zahl von) Kirchen offen.
15 Philippe Grandvoinnet, *Temple et Centre paroissial de la Roseraie, Claude Grosgurin, architecte Genève (1957–1961). Étude documentaire et architecturale* [document dactylographié], Genève 2007.
16 La Roseraie, La Jonction und Plainpalais Acacias.

Abb. 70: Genève, Église Sainte-Jeanne-de-Chantal, 1967–1969, Jean-Marie Ellenberger. Zum Abbruch vorgesehen

ger Zeit des Leerstands vermietet. Die fehlende Nutzung, geschätzte Renovationskosten von 800 000 Franken und die Aussicht, mit einem Verkauf der Liegenschaft eine Summe von 5,2 Mio. Franken einzunehmen, führten die Église Protestante de Genève 2007 zum Abbruchentscheid.[17] Vor dem Abbruch wurde durch die Denkmalpflege eine Dokumentation erstellt. An der Stelle der Kirche wurde eine grosse Wohnbebauung errichtet.[18]

Ein analoger Vorgang war für die reformierte Johanneskirche in Thun vorgesehen, die Werner Küenzi (1921–1997) in den Jahren 1965–1967 erbaut hatte (Abb. 68 und 69). Allerdings war hier für den Verkauf eine Abstimmung in der Gesamtkirchgemeinde erforderlich, und manche Kirchenmitglieder wollten den imposanten Bau mit seinem expressiven Ausdruck nicht aufgeben. Eine sehr gut besuchte Führung des Schreibenden, in der er die hohen gestalterischen und räumlichen Qualitäten der Kirche aufzeigte und über die die lokalen Medien breit berichteten, wurde zum ausschlaggebenden Faktor, dass der Verkauf in der

---

17 Die Denkmalpflege widersetzte sich dem Abbruch nicht.
18 Rue de Carouge 108, 108A, 108B, 2008–10, Bauherrschaft Implenia, Architekt Pierre-Alain Renaud; «Des logements sociaux naîtront des cendres d'un temple», in: *Le Courrier*, 27 juin 2008; «Près de 50 logements sortent de terre à la rue de Carouge», in: *Tribune de Genève*, 17 février 2009; «Évènement rare à Genève. Un temple protestant a été démoli pour donner jour à un projet immobilier», in: *Vision*, 1, 2009.

Abstimmung verworfen wurde.[19] Der Bau ist im inzwischen revidierten Bauinventar des Kantons Bern als «schützenswert» eingetragen.

Bei Abbruch- und Umbaugesuchen von Kirchen steht die Denkmalpflege oftmals vor schwierigen Entscheidungen. Die für alle historischen Bauten geltende Forderung, einen Ausgleich zwischen einer adäquaten Nutzung und der ungeschmälerten Erhaltung zu suchen, stellt sich bei Kircheninnenräumen in besonderem, heiklem Kontext. In der Abwägung haben die liturgischen Erfordernisse grosses Gewicht[20] und die kirchlichen Gesprächspartner bezeichnen sie zuweilen als unumstösslich. Allerdings geht es dabei oft lediglich um persönliche Vorlieben, die nachfolgende Pfarrpersonen ganz anders sehen können. In liturgischen Fragen ist die Unterscheidung zwischen Notwendigkeit und Präferenz nicht einfach. Die unsäglichen Vorgänge um die Zerstörung des hoch bedeutenden Inneren der römisch-katholischen Kathedrale St. Hedwig in Berlin sind in frischer Erinnerung.[21] Unter anderem zeigen sie, dass nicht bei der Denkmalpflege, wohl aber bei den übergeordneten staatlichen Entscheidträgerinnen und -trägern eine grosse Zurückhaltung besteht, bei Zerstörungen oder Verunstaltungen im Inneren von Kirchen einzugreifen, die Behauptungen kirchlicher Würdenträger neutral überprüfen zu lassen und die unerlässlichen Abwägungen vorzunehmen.[22]

Nur mit solcher Zurückhaltung ist zu erklären, wie es dazu kommen konnte, dass dem Gesuch zum Abbruch der *Église Sainte-Jeanne-de-Chantal in Genf* (Abb. 70), erbaut 1967–1969 durch Jean-Marie Ellenberger (1913–1988), stattgegeben wurde.[23] Sie gehört zu den Spitzenwerken des katholischen Kirchen-

---

19 Barbara Schluchter-Donski, «Eine Totalsanierung ist nicht nötig», in: *Berner Oberländer/Thuner Tagblatt*, 7. April 2018, 3; Annina Reusser, «Die Johanneskirche ist in sehr gutem Zustand», in: *Jungfrauzeitung*, 10. April 2018, 5.

20 «Entscheidungen und Maßnahmen der zuständigen Denkmalbehörde über Denkmale, die unmittelbar gottesdienstlichen Zwecken anerkannter Religionsgemeinschaften dienen, sind im Benehmen mit den zuständigen Behörden der Religionsgemeinschaften und unter Berücksichtigung der von diesen festgestellten gottesdienstlichen Belange[n] zu treffen.» (Gesetz zum Schutz von Denkmalen in Berlin, 24. April 1995, § 21 Religionsgemeinschaften, Abs. 1) in Verbindung mit «Die ungestörte Religionsausübung wird gewährleistet.» (Grundgesetz für die Bundesrepublik Deutschland, 23.05.1949, Stand 9. September 2020, Art 4, Abs. 2).

21 Bernhard Furrer, «Kathedrale St. Hedwig, Berlin. Das Besondere weicht dem Gewöhnlichen», in: *TEC21*, 7–8, 2015, 8–10.

22 Die Senatsverwaltung für Kultur und Europa Berlin, Oberste Denkmalschutzbehörde, entsprach mit Entscheid vom 5. Februar 2018 «dem Begehren für den Um- und Neubau der St.-Hedwigs-Kathedrale». Die juristische Bewertung dieses Dissensentscheids durch den Justitiar des Landesdenkmalamts Berlin vom 14. Juni 2018 kam danach zum Schluss: «Die rechtliche Prüfung der beantragten Maßnahme durch die OD [Oberste Denkmalschutzbehörde] leidet an zwei schwerwiegenden Fehlern: 1) OD gewichtet die von der Kirche geltend gemachten Belange falsch, 2) OD unterlässt die verfassungsrechtlich gebotene Abwägung zwischen den kirchlichen und denkmalpflegerischen Belangen.»

23 Aurélie Toninato, «Ces Églises qui deviennent une lourde croix à porter», in: *Tribune de Genève*, 3. April 2018, 3; Metin Arditi, «Quand l'église n'est plus au milieu du village», in: *La Croix*, 2. Juli 2018, 28.

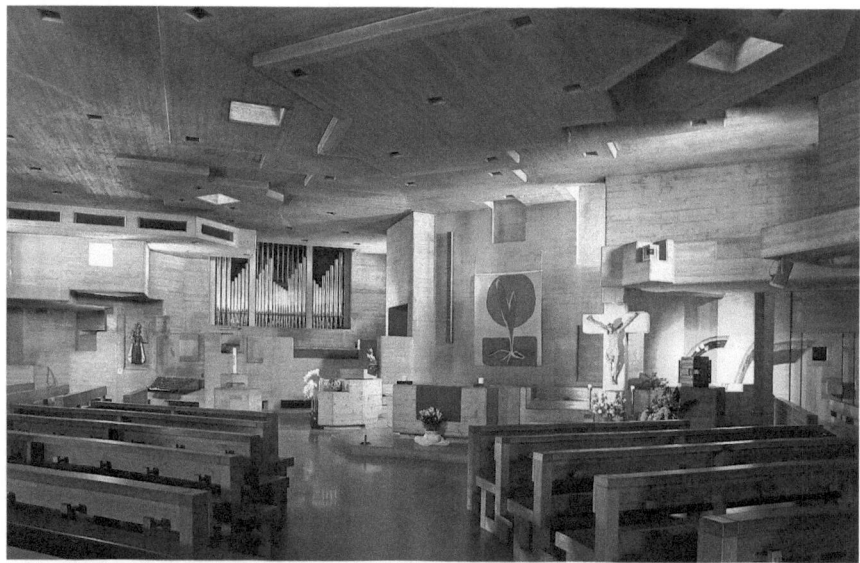

Abb. 71: Bern, Heiligkreuz, 1967–1969, Walter Maria Förderer. Innenraum zur Zeit der Nutzung durch die römisch-katholische Kirchgemeinde. Seit 2018 gehört die Kirche der Rumänisch-Orthodoxen Kirchgemeinde St. Georg.

baus in der Schweiz. Trotz der fachlich fundierten Opposition der Denkmalpflege soll das Baudenkmal demnächst abgebrochen werden. An seiner Stelle ist ein Neubau geplant, um, wie der Verantwortliche sagt, «das grossartige Bauterrain zu rentabilisieren»[24]. Das Projekt sieht ein mächtiges Gebäude mit rund 50 Wohnungen vor, in dessen Erdgeschoss ein kleines kirchliches Zentrum mit einem Gottesdienstraum von rund 100 Plätzen Platz finden soll. Die Wohnungen sollen im Baurecht abgegeben werden, damit für die Zukunft mit kontinuierlichen Einnahmen gerechnet werden kann.[25]

In der Praxis der Denkmalpflege lassen sich zuweilen Abbrüche, auch solche von Kirchen aus der Nachkriegszeit, nicht vermeiden. In diesen Fällen ist es wichtig, dass nicht bloss die Entscheidträgerinnen und -träger, sondern auch die Öffentlichkeit die Begründungen kennen, weshalb der Bau als Baudenkmal ausgewiesen wurde, und auf dieser Grundlage nachvollziehen können, weshalb der Abbruch einen Verlust darstellt. Es ist zudem Aufgabe der Denkmalpflege sicher-

---

24 Dominique Pittet, Vikariat der römisch-katholischen Kirchgemeinde Genf, 6. August 2019.
25 Den Abbruch ihrer Stefanskirche, erbaut 1954/55 von den Architekten Max Aeschlimann und Armin Baumgartner, und einen Neubau, der den heutigen Bedürfnissen besser entspricht und zudem Wohnungen enthält, plant auch die von der neuen Kirchgemeinde Zürich unabhängig gebliebene Kirchgemeinde Zürich-Hirzenbach. Die Stefanskirche ist im Spezialinventar «Reformierte Kirchen der Stadt Zürich» von 2006 enthalten.

Abb. 72: Luzern, St. Josef (Maihofkirche), 1940–1941, Otto Dreyer. Innenraum nach der Erbauung

zustellen, dass vor dem Abbruch die Bauakten gesichert, dem Bau entsprechende Dokumentationen erstellt und diese Unterlagen in ein öffentliches Archiv überführt werden.

Umnutzung

Der Abbruch wertvoller Kirchen, die wichtige Zeugnisse der Baukultur und als Baudenkmäler ausgewiesen sind, ist aus denkmalpflegerischer Sicht *worst case*. Wenn die ursprüngliche Nutzung nicht beibehalten werden kann – und diese Ausgangslage wird auch in der Schweiz künftig vermehrt anzutreffen sein –, ist eine Umnutzung der Zerstörung vorzuziehen.[26] Da eine adäquate Nutzung für jedes Baudenkmal essenziell ist, um das Interesse an seiner kontinuierlichen Pflege wachzuhalten, wird die Frage alternativer Nutzungen von modernen Kirchenbauten die Denkmalpflege vermehrt beschäftigen. Dieser Problematik waren denn auch die zwei ersten Kirchenbautage gewidmet.[27]

---

26 Einzig in Extremfällen einer absolut unadäquaten Umnutzung ist ein Abbruch vorzuziehen.
27 Die Referate der ersten Tagung zu «Kirchenumnutzungen. Der Blick aufs Ganze» sind veröffentlicht in: Stückelberger (Hg.) 2015 (Anm. 7); Die zweite Tagung zu «Kirchenumnutzungen. Der

Denkmalpflegerischer Umgang mit Kirchen der Nachkriegszeit 131

Abb. 73: Luzern, St. Josef (Maihofkirche), 1940–1941, Otto Dreyer. Innenraum nach dem Umbau zum Saal für verschiedene Nutzungen

Für eine Umnutzung steht eine gottesdienstliche Nutzung im Vordergrund, da sie den spirituellen Charakter des Kirchenbaus beibehält und meist mit verhältnismässig kleinen Eingriffen in das Baudenkmal verbunden ist. Ein gutes Beispiel dafür ist die römisch-katholische Kirche Heiligkreuz in Bern, die Walter Maria Förderer (1928–2006) in den Jahren 1967–1969 errichtet hat (Abb. 71). Der imposante Bau zeichnet sich aus durch die Plastizität der Gebäudeformen und betont den Werkstoff Beton in seinem schalungsrohen Zustand. Auch hier löste das Zusammenlegen mehrerer Kirchgemeinden den Verkauf der Kirche aus. Sie ist mittlerweile Eigentum der rumänisch-orthodoxen Kirchgemeinde und trägt den Namen St. Georg.[28] Ohne bauliche Veränderungen, die sich als denkmalpflegerisch problematisch erweisen könnten, wird der Kirchenraum für die Messen nach orthodoxem Ritus genutzt. Lediglich mobile Zutaten wie Ikonen und Bilder waren notwendig.[29]

Blick aufs Einzelne» ist filmisch dokumentiert: *Tagungsbericht* (Kurzfilm), *Dokumentation sämtlicher Referate, Podiumsgespräche und Diskussionen* (10 Filme) unter https://www.schweizerkirchenbautag.unibe.ch (30.4.2021).
28 Dölf Barben, «Die Kirche Heiligkreuz wird ein Zentrum für die Rumänen», in: *Der Bund*, 27. April 2017, 19.
29 Zahlreiche bauliche Einrichtungen, wie die Sängertribüne mit direktem Kontakt zum Priester, konnten neu belebt werden.

Abb. 74: Zürich-Wollishofen, Kirche Wollishofen, 1935–1936, Walter Henauer und Ernst Witschi. 2015–2018 Umnutzung als KunstKlangKirche

Eine weitere Möglichkeit besteht darin, die kirchliche Nutzung beizubehalten und den Kirchenraum baulich so anzupassen, dass profane Nutzungen erleichtert werden.[30] An mehreren Schweizer Beispielen zeigt sich, dass das Baudenkmal dabei in seiner Substanz und Erscheinung weitgehend erhalten werden kann. Allgemein bekannt ist die von Otto Dreyer (1897–1972) 1940–1941 erbaute Kirche St. Josef im Maihof in Luzern (Abb. 72 und 73). Das kirchliche Ensemble wurde 2013 einer sorgfältigen Gesamtrestaurierung[31] unterzogen, die hohen fachlichen Anforderungen genügt. Der Raum blieb als geweihter Ort für Messen erhalten.[32] Gleichzeitig wurden aber auch bedeutende Änderungen und Ergänzungen vorgenommen, um den Kirchenraum als Konzert- und Festsaal mit allen technischen Einrichtungen, die heute dafür als unerlässlich erachtet werden, einzurichten. Eine freie Bestuhlung auf neuem Parkettboden ersetzt die fest eingebauten Bänke, umfangreiche technische Einrichtungen wurden installiert, mit textilen Wandbehängen werden das Licht, mit Segeln die Akustik gesteuert. Es ist eine Gratwande-

---

30 In zahlreichen Kirchenräumen werden Konzerte und ähnliche Veranstaltungen mit behelfsmässigen Installationen wie mobilen Podien oder provisorischen Beleuchtungsanlagen ermöglicht.
31 gzp Architekten AG, Luzern.
32 Theresia Gürtler Berger, «Als wäre nichts gewesen – die Umnutzung der Luzerner Pfarrei St. Josef zum ‹MaiHof›», in: *Kunst + Architektur in der Schweiz*, 1, 2016, 40–46.

rung: Ist St. Joseph heute eine Kirche, die auch für Konzerte oder Bankette genutzt werden kann, oder ein Mehrzweckraum, der auch dem Feiern der Messe dient?[33] Jedenfalls ist die Kirche nach der Umnutzung zu einem lebendigen Quartierzentrum geworden.[34] Das Beispiel zeigt, dass bei kontinuierlich sinkender Zahl von Kirchenmitgliedern erweiterte Nutzungen sinnvoll sein können, auch wenn sie mit teils schmerzlichen Eingriffen einhergehen.

Denkmalpflegerisch heikler sind Umnutzungen von Kirchen, die ihre ursprüngliche Funktion als Raum für den Gottesdienst ganz verloren haben. Dabei stellt sich die Frage noch akuter, welche Änderungen mit dem Bau als Denkmal seiner Zeit und seiner besonderen geistigen Ausrichtung verträglich sind und ob die vorgesehene Nutzung adäquat ist. Zahlreiche Studien[35] analysieren diese Problematik, und es ist hier nicht der Ort, die Überlegungen dazu einzeln vorzustellen.

Die Spannweite möglicher Neunutzungen zeigte sich beim Wettbewerb für die reformierte Kirche Wollishofen in Zürich, die 1937 als grosse Hallenkirche von den Architekten Walter Henauer (1880–1975) und Ernst Witschi (1881–1959) erbaut wurde, heute aber nur noch sporadisch für gottesdienstliche Zwecke genutzt wird.[36] Von den drei obsiegenden Vorschlägen sah einer vor, eine grosse Gastronomie zu betreiben und sie durch Kulturprojekte zu erweitern[37], ein anderer plante den Einbau eines Familienhotels, dessen Zimmer der Fassade folgen sollten, während im Inneren ein grosser, von oben belichteter Hof als Indoor-Spielplatz frei gehalten worden wäre[38]. Weiterverfolgt wurde einzig das Projekt einer «KunstKlangKirche», das auf der Idee basierte, eine «ausgesuchte Anzahl herausragender Orgeln unterschiedlicher stilistischer Prägung» zu installieren[39] und «ungewohnte Kombinationen von Kunstformen, Referaten, Workshops, Feiern, Gottesdiensten, Instrumenten und Stilen» anzubieten.[40] Auch in diesem Fall war innerhalb der gemischten Nutzung der Einbezug kirchlicher Tätigkeiten vor-

---

33 Interessant die Feststellung des für den Betrieb Verantwortlichen, dass weniger als 20% der zeitlichen Belegung auf religiöse Veranstaltungen fallen.
34 Dazu tragen nicht bloss der Kirchenraum, sondern auch die leicht erreichbaren, heute vielfältig genutzten Nebenräume bei.
35 In der Schweiz als jüngere Publikationen: Eva Schäfer, «Nutzungskonzepte. Zur Bedeutung des modernen Kirchenbau-Verständnisses für die aktuelle Umnutzungsdiskussion», in: *Kunst + Architektur in der Schweiz*, 1, 2016, 4–13; Johannes Stückelberger, «Typologie der Kirchenumnutzungen», in: *Kunst + Architektur in der Schweiz*, 1, 2016, 32–39.
36 Reformierte Kirche Wollishofen (Hg.), *Reformierte Kirche Wollishofen: Vison EGG+ – Kirche mit Potential. Wettbewerbsbericht um Ideenwettbewerb 2012* [Typoskript], Zürich, 2012.
37 Projekt «Wolly's Hof», Regina Schibli, Katja Weber – In Progress GmbH, Zürich.
38 Projekt «Heiliger Geist», Isabelle Meier, Zürich.
39 Konkret handelte es sich in einer ersten Phase um eine historische Kegelladen-Orgel von Carl Theodor Kuhn, 1889 (aus der Kirche Zürich-Unterstrass), eine Emmentaler Hausorgel, um 1800 (Leihgabe Freilichtmuseum Ballenberg), und um eine Toggenburger Hausorgel von Wendelin Looser, 1754 (Leihgabe Schweizerische Epilepsie-Stiftung).
40 *KunstKlangKirche Zürich, Projektbeschrieb Pilotphase Juli 2015 – Dezember 2017, Stand 17. Oktober 2016*, abrufbar auf: http://www.kunstklangkirche.org/ (17.4.2021).

Abb. 75: Basel, First Church of Christ, Scientist, Zugangsseite, 1935–1936, Otto Rudolf Salvisberg

gesehen. Da die nötige finanzielle Unterstützung nicht beschafft werden konnte, wurde das Projekt 2018 aufgegeben (Abb. 74).[41]

In der Schweiz stehen wir am Anfang der Entwicklung, entwidmeten Kirchenräumen Nutzungen zuzuweisen, die keinen kirchlichen Bezug mehr haben. Neunutzungen, die nicht-lukrativen, in der Regel kulturell ausgerichteten Zwecken dienen, können oft verhältnismässig einfach und mit geringen Eingriffen umgesetzt werden. Ein gelungenes Beispiel einer solchen Umnutzung ist die First Church of Christ, Scientist in Basel, die 1935–1936 von Otto Rudolf Salvisberg (1882–1940) in einer hinterhofartigen Situation in der Nähe des Kunstmuseums erbaut worden war (Abb. 75 und 76). Da die Mitgliederzahl stark gesunken war und das Gebäude kaum mehr genutzt wurde, verkaufte der Trägerverein die Liegenschaft, die zum Proberaum und zur Geschäftsstelle des Sinfonieorchesters Basel umgebaut wurde.[42] Neben umfangreichen technischen Massnahmen waren auch Eingriffe im Kirchenraum notwendig. Die Bänke wurden entfernt und der

---

41 Heute enthält die Kirche eine Bühne und wird als Probe- und Konzertlokal, selten für Gottesdienste mit einer grösseren Besucherzahl genutzt.
42 Beer Merz Architekten, Basel, 2017–2020.

Abb. 76: Basel, First Church of Christ, Scientist, 1935–1936, Otto Rudolf Salvisberg. Der Innenraum wurde 2017–2020 durch Beer-Merz-Architekten, Basel, umgebaut und dient heute dem Sinfonieorchester Basel als Proberaum.

leicht ansteigende Boden zum grössten Teil überdeckt; bloss ein Graben vor dem ehemaligen Lesepult macht die ursprüngliche Disposition ablesbar. Der Saal der ehemaligen Sonntagsschule und sekundäre Räume, wie Eingangshalle und Treppenaufgänge, blieben erhalten, wurden sorgfältig restauriert und den neuen Anforderungen sehr zurückhaltend angepasst.

Eine bedeutend grössere Erfahrung mit Umnutzungen kirchlicher Gebäude, die nach einer Säkularisierung kirchenfremden Nutzungen mit ökonomischer Ausrichtung zugeführt werden, besteht in anderen europäischen Staaten; die im gegebenen Zusammenhang aussagekräftigen Beispiele, die im Folgenden vorgestellt werden, betreffen allerdings ältere Kirchen. In anderen Ländern werden profanierte Kirchen zuweilen recht unbekümmert an Private verkauft, denen der weitere Umgang mit dem Gebäude überlassen wird.[43] Es können zwei Verhaltensweisen unterschieden werden.

---

43 Ein Verkauf eines Kirchengebäudes durch die Kirchgemeinde an Private sollte vermieden werden. Durch juristische Formen des Nutzungsübergangs wie langfristige Vermietung, Verpachtung oder Baurecht (in Deutschland «Erbbaurecht») können die bestehenden materiellen und geistigen Werte weiter genutzt und beeinflusst werden.

Die eine betrifft Neunutzungen, die den Kirchenraum als Ganzes belassen; sie sind in der inhaltlichen Ausrichtung und mit den restauratorischen Anforderungen, die das Baudenkmal stellt, weitgehend kompatibel. Dabei ist an Bibliotheken, Kulturlokale, Ausstellungsräume, Konzertlokale oder Gastronomiebetriebe aller Art zu denken. Bekannt ist das Beispiel der Bar «The Church», die in der ehemaligen Kirche St. Mary's in Dublin eingerichtet wurde (Abb. 77). Die Kirche wurde 1701 durch Sir William Robinson erbaut. Für die kirchliche Nutzung wurde sie 1964 geschlossen, profaniert und verkauft. Nach verschiedenen Zwischennutzungen wurde darin 2005 ein Barlokal eröffnet. Dazu wurde ein grosser Service- und Tresenbereich in die Achse des Hauptraums gestellt. Die historische Ausstattung blieb unter Einschluss der Orgel und der Glasmalereien erhalten und wurde restauriert. Umnutzungen, die den Kirchenraum weiterhin unverbaut lassen, lassen es meist zu, die notwendigen zusätzlichen Einrichtungen ohne grössere Verluste an Substanz und unter Wahrung des Erscheinungsbilds zu realisieren. Das Baudenkmal «Kirche» verliert mit der kirchlichen Nutzung und den damit verbundenen liturgischen Einrichtungen, die seine Erscheinung mit all ihren Veränderungen bisher geprägt haben, und der neuen Zweckbestimmung einen wesentlichen Teil seines Denkmalwerts. Es bleibt aber trotzdem ein Zeugnis der Vergangenheit, das dank der neuen, nicht kirchlichen Nutzung weiterhin erhalten und gepflegt wird.

Die einer Kirche eigene Grossräumlichkeit bleibt dagegen bei Neunutzungen mit kleinräumigen Strukturen, wie Wohnungen, Büros oder Hotels, meist lediglich in einer beschränkten Zone und nur ansatzweise erfahrbar. Die Eingriffe in die Bausubstanz sind erheblich, nicht am Äusseren, dem meist Sorge getragen wird und das nicht selten anlässlich einer solchen Umwidmung eine Restaurierung erfährt, wohl aber im Inneren, das ganz oder grossteils verstellt wird, wobei die ökonomische Optimierung an vorderster Stelle steht. Neben der ursprünglich intendierten Nutzung geht dadurch ein wesentlicher Teil des Baudenkmals, das namentlich durch den Grossraum geprägt ist, verloren. Die römisch-katholische Heilig Hartkerk in Haarlem wurde durch den Architekten Peter J. Bekkers (1859–1918) als mächtige neogotische Hallenkirche mit Frontturm 1902 erbaut.[44] Nach der Profanierung wurde das Gebäude an Private verkauft, die 1998 in die imposante dreischiffige Halle mehrere Zwischenböden einzogen und 61 Wohnungen einrichteten.[45] Diese werden heute möbliert und mit zugehörigen Serviceleistungen als Mietobjekte angeboten. Von der ursprünglichen Anlage sind lediglich eine in sich geschlossene Seitenkapelle und der Eingang erhalten. Die Kirche hat nicht bloss die Übereinstimmung zwischen aussen und innen verloren, sondern ist insgesamt zu einer Camouflage und als Baudenkmal unglaubwürdig geworden.

Jede Umnutzung einer Kirche der Nachkriegszeit bringt Eingriffe in den Bau mit sich, kleinere oder bedeutendere. Die Denkmalpflege ist zunächst dafür ver-

---

44 Die Kirche ist als «Rijksmonument» eingetragen.
45 Heilig Hart Huisvesting BV.

Abb. 77: Dublin, Kirche St. Mary's, 1701, Sir William Robinson. Heute Barlokal «The Church»

antwortlich, dass der Vorzustand hinreichend dokumentiert wird. Vor allem hat sie dafür zu sorgen, dass die Veränderungen möglichst geringfügig bleiben, dass sie sich mit dem Bestand zu einem neuen Ganzen fügen und dass sie auf ein Höchstmass an Reversibilität ausgerichtet sind. Sie hat sich überdies dafür einzusetzen, dass die «Doppelnatur»[46] des Denkmals lesbar bleibt, seine körperliche Präsenz wie auch seine geistigen Werte möglichst weitgehend erhalten werden.[47]

Restaurierung

Hierzulande sind Umnutzungen für säkulare Zwecke noch eine Ausnahme. Die Denkmalpflege hat kaum Erfahrungen damit und beschäftigt sich vor allem mit der Restaurierung von Kirchen, die ihre ursprüngliche Funktion weiterhin erfüllen. Dabei kann festgestellt werden, dass in aller Regel grosse Sorgfalt angewendet wird. Kirchen haben bei der Bevölkerung immer noch einen besonderen Status, der auf Ehrfurcht und Tradition gründet. Zwar werden mannigfaltige Wünsche

46 Georg Dehio in seinem Aufsatz «Denkmalschutz und Denkmalpflege im neunzehnten Jahrhundert» (1905), wieder abgedruckt in: Norbert Huse (Hg.), *Denkmalpflege. Deutsche Texte aus drei Jahrhunderten*, München: Beck, ³2006, 139–141 (¹1984).
47 Heute werden zuweilen die englischen Ausdrücke *tangible* und *intangible* verwendet.

nach Veränderungen laut, aber die Menschen verstehen, wenn je nach Bauwerk diesen Begehren unter Umständen nicht nachgekommen werden kann.

Ein Beispiel für eine sorgfältige Restaurierung nach den anerkannten Regeln der Denkmalpflege ist der Umgang mit der katholischen Kirche St. Felix und Regula in Zürich (Abb. 78 und 79).[48] Anhand dieser Restaurierung können einige denkmalpflegerische Grundsätze erläutert werden. Die Kirche mit angebautem Pfarr- und Gemeindehaus und freistehendem Turm wurde 1949–1950 nach einem Wettbewerb durch Architekt Fritz Metzger (1898–1973) erbaut.[49] Er realisierte einen kargen, höchst beeindruckenden querovalen Raum, den eine von Schrägstützen getragene Flachkuppel[50] überdeckt. Die Kirche ist ein hervorragendes Zeugnis des modernen Kirchenbaus in der Schweiz, das sich durch eine fortschrittliche Gesamtdisposition, welche die Gläubigen um die Chorzone versammelt, und durch eine spartanische Materialisierung in Beton und Kalkstein mit einem Asphaltboden auszeichnet. Die künstlerischen Akzente sind sparsam eingesetzt: Zu den bauzeitlichen Bildhauerarbeiten von Altar und Taufbrunnen kamen im Lauf der Jahre das unter der Kuppel durchgehende Band von Farbglasfenstern von Ferdinand Gehr (1896–1996), die Orgel und ein Kreuzweg hinzu. Auch ingenieurtechnisch ist die Kirche ein Meisterwerk. Von den nichttragenden Fassadenwänden unabhängig tragen die schlanken, nach innen geneigten Betonstützen eine dünnwandige, vorgespannte Betonschale, die bei einer Pfeilhöhe von lediglich 1,6 Metern eine Spannweite von nahezu 33 Metern überspannt.

Die Restaurierung 2012–2013 wurde über Jahre vorbereitet und verfolgte das Ziel, dem Bau die schlichte Würde der Bauzeit zurückzugeben.[51] Ausschlaggebend für das Gelingen war die sorgfältige Aufarbeitung der vorhandenen Archivalien und eine detaillierte Bauuntersuchung, die die zahlreichen Interventionen der letzten Jahrzehnte belegt. Das Erfordernis, als Grundlage einer Restaurierung den Bau minutiös zu untersuchen und genau zu kennen, ist für verhältnismässig junge Baudenkmäler genauso wichtig wie für jahrhundertealte Bauten.

Die Hauptarbeit bestand in einer gründlichen Reinigung der Oberflächen der Raumschale; der Raum wirkt wieder in seiner diskreten Helligkeit und mit den auf den ersten Blick einheitlichen, in Wirklichkeit aber fein differenzierten Tönen von Wänden und Decken und strahlt eine meditative Geschlossenheit aus. Die bestehenden Bodenbeläge wurden gereinigt und wo nötig repariert. Für den Ein-

---

48 «Zürich, Katholische Kirche St. Felix und Regula», in: *Zürcher Denkmalpflege*, 21, Zürich 2017, 282–289.
49 Auf Empfehlung des als Experte zugezogenen Hermann Baur wurde keines der im Wettbewerb preisgekrönten Projekte, sondern der angekaufte Vorschlag Metzgers ausgeführt.
50 Ingenieur Emil Schubiger.
51 Bauherrschaft: Stiftung & Kirchenpflege St. Felix und Regula. Architektin: atelier 10:8 gmbh (Katrin Schubiger, Enkelin von Ingenieur Emil Schubiger). Baustatische Untersuchung: Jürg Conzett. Begleitung Peter Baumgartner (Denkmalpflege Kanton Zürich) und Johannes Stückelberger (Schweizerische St. Lukasgesellschaft für Kunst und Kirche).

Abb. 78: Zürich, St. Felix und Regula, 1949–1950, Fritz Metzger.
Der querovale Kirchenraum

druck wichtig ist die sorgfältige Behandlung der Ausstattungsteile, Bildhauerarbeiten im Chorbereich, Farbfenster, segmentbogenförmige Kirchenbänke, Orgel, Türen mit Beschlägen, Wandappliken.[52] Im Zug der Restaurierung wurden auch einige Zutaten entfernt, die, zwar gut gemeint, den Kirchenraum in seinem klaren Konzept beeinträchtigt hatten. Nach der Entfernung des die Chorwand beherrschenden grossen reliefierten Lebensbaums, 1982 von der Künstlerin Maja Armbruster geschaffen, hat das Altarkreuz, das kurz nach der Bauzeit als Mittelpunkt der Wand geschaffen worden war, seine Bedeutung zurückerlangt.

Die Restaurierung der Kirche St. Felix und Regula ist beispielhaft. Sie erinnert daran, dass der denkmalpflegerische Umgang mit Kirchenbauten der Nachkriegszeit exakt denselben Grundsätzen und Anforderungen zu genügen hat, wie sie für bedeutend ältere Kirchen, etwa der Romanik oder der Gotik, gelten. Dazu gehört zunächst eine genaue Untersuchung des Bestands, die nicht bloss die heute sichtbaren Oberflächen, sondern auch überdeckte oder weitgehend fehlende Schichten berücksichtigt und eine Schadenskartierung und -analyse umfasst. Zur Bestandserfassung gehören zudem sorgfältige Archivstudien, die Aufschluss über die Entstehungsgeschichte und die in der Zeit seit der Bauvollendung vorgenommenen Eingriffe liefern. Auf dieser Grundlage kann ein Konservierungs- und Restaurierungskonzept entwickelt werden, das in breit abgestützter Zusammenarbeit von

---

52 Weshalb die Pendelleuchten des Kirchenraums ersetzt werden mussten, erschliesst sich nicht.

Abb. 79: Zürich, St. Felix und Regula, 1949–1950, Fritz Metzger. Detail der Restaurierung der Kirche 2012–2013 durch atelier 10:8 gmbh

Bauherrschaft, Nutzerinnen und Nutzern, Architektin, Fachspezialisten und Denkmalpflege auszuarbeiten ist. Es geht vom heutigen Bestand aus, den es langfristig zu erhalten und zu pflegen gilt, und bewertet spätere Interventionen und Zutaten sowohl in ihrer damaligen Bedeutung als auch in ihrer heutigen Einschätzung. Das höchste Gewicht bei der praktischen Umsetzung haben Erhaltung und Konservierung des Bestands, auch wenn letzterer deutliche Spuren des Alters und der Benutzung aufweist. Mit der Ausführung sind hochqualifizierte Fachkräfte zu beauftragen, die in interdisziplinärem Gespräch zu begleiten sind. Sind Ergänzungen nötig, werden sie in zurückhaltender, als heutige Zufügungen erkennbarer, sich aber in das Ganze einfügender Form und reversibel konzipiert. Nach Abschluss der Arbeiten ist eine Dokumentation anzulegen, die sowohl die hinter der Restaurierung stehenden Überlegungen und deren Umsetzung darlegt als auch die Details zu den ausgeführten Arbeiten enthält. Zudem ist ein Bauunterhaltsplan zu erstellen, mit dessen Hilfe eine nächste Restaurierung möglichst lange hinausgezögert werden kann. Für die Öffentlichkeit ist eine leicht verständliche Darstellung der Arbeiten zu publizieren, die Interessierten sind mit Führungen während und nach Abschluss der Arbeiten zu informieren.

Der denkmalpflegerische Umgang mit Kirchenbauten der Nachkriegszeit, die als Baudenkmäler anerkannt sind, folgt denselben Regeln, die auch für bedeutend ältere Bauten gelten. Auf manche Grundentscheide kann die Denkmalpflege nur beschränkt Einfluss nehmen – sie sind die Folge langfristiger Entwicklungen. Dagegen muss sie die ihr zur Verfügung stehenden Mittel proaktiv nutzen, um wenn immer möglich das Baudenkmal als authentisches materielles und geistiges Zeugnis der Vergangenheit zu bewahren. Das Prozessmanagement, das im Vorfeld jeder grundlegenden Änderung notwendig ist, ist dafür verantwortlich, dass denkmalpflegerisch korrekte Vorgehensweisen sichergestellt sind: bei Abbrüchen, Umnutzungen und Restaurierungen.

Potenziale moderner Kirchen aus Sicht der Nutzerinnen und Nutzer

Uwe Buschmaas, Irmelin Drüner, Pascal Eng,
Matthias Wenk, Johannes Stückelberger

Der folgende Text ist die Transkription des Gesprächs, das Uwe Buschmaas, Irmelin Drüner, Pascal Eng und Matthias Wenk anlässlich des Dritten Schweizer Kirchenbautags in Bern am 30. August 2019 miteinander führten. Moderiert wurde das Gespräch von Johannes Stückelberger.

Johannes Stückelberger (JS): Immer wieder hört man in Kirchenkreisen den Ausspruch: «Wir investieren nicht in Mauern, sondern in Menschen.» Der Kirchenbautag hat schwerpunktmässig die «Kirchenmauern» zum Thema. Doch lassen sich diese nicht unabhängig davon diskutieren, wofür sie gebaut wurden und wie sie genutzt werden. Die Sicht der Auftraggeber der modernen Kirchenbauten kam bereits zur Sprache. Nun wollen wir auch noch die heutigen Nutzerinnen und Nutzer zu Wort kommen lassen. Wie erleben sie die Bauten? Wie feiern sie darin Gottesdienst? Wie wird Gemeinde in diesen modernen Kirchen und Kirchenzentren gelebt? Worin liegt das Potenzial der Bauten? Oder werden diese eher als Hypothek empfunden? Kann man sagen, dass der moderne Kirchenbau das Gemeindeleben beeinflusst hat und immer noch prägt? Wir möchten diese Fragen anhand von drei Kirchen diskutieren: der römisch-katholischen Kirche St. Konrad in Schaffhausen (Abb. 80, 81, 82 und Umschlagbild), der evangelischen Kirche in Kradolf (Abb. 83, 84 und 85) sowie der ökumenischen Kirche Halden in St. Gallen (Abb. 86, 87 und 88). Sie, Uwe Buschmaas, Irmelin Drüner, Pascal Eng und Matthias Wenk arbeiten in und mit diesen drei modernen Kirchen. Darf ich Sie bitten, die Bauten kurz vorzustellen? Anschliessend wollen wir uns dann über Ihre Erfahrungen austauschen.

Pascal Eng (PE): Die katholische Kirche St. Konrad liegt ausserhalb der Altstadt von Schaffhausen in einem Wohnquartier, das, als die Kirche errichtet wurde, noch kaum bebaut war. Die Architektur des Kirchenzentrums ist an das Quartier angepasst. Das Äussere lässt nicht unmittelbar auf eine Kirche schliessen, es könnte auch ein Schulhaus oder ein Wohngebäude sein. Im Grundriss weist die Kirche verschiedene Ebenen auf. Vom Haupteingang aus gelangt man in den grossen Kirchenraum, hat aber die Wahl, linker Hand auch die kleinere Kapelle zu betreten. Die Kapelle wird ausschliesslich für Gottesdienste genutzt, der Kirchenraum jedoch ist flexibel einsetzbar. Vieles darin ist mobil, auch der Altar und der Ambo. Ein Niveau weiter oben befinden sich das Sekretariat, Büros, Gruppenräume und ein Pfarreisaal. Letzterer war ursprünglich als Kindergarten geplant, als Pfarreisaal diente der Kirchenraum. Unmittelbar nach dem Gottesdienst hat man im gleichen Raum Kaffee getrunken, ohne die beiden Nutzungen räumlich

Abb. 80: Schaffhausen, St. Konrad, 1969–1971, Walter Maria Förderer.
Klassischer Gottesdienst

abzugrenzen. Durch kleine Fenster kann man vom oberen Niveau in den Kirchenraum hinunterschauen. Mobiliar und liturgische Orte sind in den Farben Grün, Blau und Orange gefasst. Die gleichen Farben finden sich auch als punktuelle Akzente auf den Sichtbetonmauern des Innenraums. Im Quartier heisst das Zentrum schlicht «Koni» oder «Unser Koni».

Uwe Buschmaas (UB) und Irmelin Drüner (ID): Das evangelische Kirchenzentrum Kradolf liegt am Rand der Ortschaft Kradolf, die zusammen mit Schönenberg an der Thur eine politische Gemeinde bildet. Die Kirche ist umgeben von Wiesen, die aber nicht mehr so gross sind wie zur Zeit der Erbauung. Wer sich der Kirche nähert, gelangt zuerst auf einen grossen, ungefähr quadratischen Vorplatz, in dessen Mitte der Kirchenturm mit einem offenen Glockenstuhl steht (Abb. 83). Vom Vorplatz durch eine grosse Glaswand abgetrennt ist das Vestibül, von dem aus man den Gottesdienstraum, den Saal oder das Unterrichtszimmer betreten kann. Im rechten Flügel befindet sich im oberen Geschoss die Pfarrwohnung, im Untergeschoss gibt es Jugendräume. Ursprünglich war die Bestuhlung im Gottesdienstraum zum Innenhof hin orientiert, in den 1990er-Jahren hat man die Stühle gedreht, sodass man heute auf den ehemals hinteren Teil der Kirche ausgerichtet ist. Auf der dort befindlichen zweistufigen Sängerempore steht nun der Abendmahlstisch. Dass die Pfarrwohnung in das Zentrum integriert ist, hat den Vorteil, dass man als Pfarrehepaar mitbekommt, was unten in der Kirche und im Zentrum

Abb. 81: Schaffhausen, St. Konrad, 1969–1971, Walter Maria Förderer. Geselliges Beisammensein im Gottesdienstraum. Der liturgische Bereich befindet sich hinter dem Vorhang.

passiert. Dass man mittendrin ist, kann je nach Person aber auch als störend empfunden werden.

Matthias Wenk (MW): Wie die beiden soeben gezeigten Kirchen ist auch das Ökumenische Gemeindezentrum Halden in St. Gallen auf der grünen Wiese gebaut worden. 1975 kauften die Reformierte Kirchgemeinde Tablat und die Katholische Kirchgemeinde St. Gallen in einem Neubaugebiet am östlichen Stadtrand nebeneinander zwei Grundstücke mit der Idee, darauf nicht zwei, sondern eine gemeinsame Kirche zu bauen. Man entschied sich für eine sogenannte Fastenopferkirche, die jedoch schnell zu klein wurde. Die Gemeinde begann relativ bald basisdemokratisch zu arbeiten, und so war sie es, die die Erweiterung der Kirche konzipierte. Man beschloss, Abstand zu nehmen von hierarchischen Mustern und eine Kirche ohne Hierarchie zu bauen. Für die Erweiterung fügte man an den bestehenden einen zweiten, in der Dachform identischen Bau an, was einen im Grundriss nahezu quadratischen Gottesdienstraum ergab (Abb. 86). Alles darin ist ebenerdig, und alles ist beweglich: Stühle, Altar/Abendmahlstisch, Ambo. Das bietet die Möglichkeit für verschiedene Gottesdienst- und Feierformen.

JS: Herr Wenk, empfinden Sie es als Zumutung, eine doch recht «billige» Kirche als Arbeitsort zu haben, oder sehen Sie darin auch Chancen? Sind Sie gerne in der Kirche Halden?

Abb. 82: Schaffhausen, St. Konrad, 1969–1971, Walter Maria Förderer. Werktagskapelle

MW: Ich fühle mich hier sehr wohl, und zwar unter anderem deshalb, weil der Innenraum der Kirche mobil ist. Der Raum ist für uns Gottesdienst Gestaltende aber immer wieder eine Herausforderung. Wir müssen mit dieser Mobilität zurechtkommen und in der Bespielung des Raums jeweils recht flexibel sein, wenn wir die Menschen in das Gottesdienstgeschehen mit hineinnehmen wollen. Die Hypothek ist vielleicht die, dass wir immer wieder gefordert sind, auszuprobieren und zu fragen: Wie können wir, auf die Bedürfnisse und Feiern ausgerichtet, den Raum jeweils neu und anders gestalten?
JS: Die Mobilität und die Flexibilität erlauben Ihnen, den Raum ganz verschieden zu nutzen. Wie muss man sich diese unterschiedlichen Nutzungen vorstellen?
MW: Bei klassischen Gottesdiensten richten wir die Stühle oft zum Altar oder Abendmahlstisch hin aus. Bei anderen Feiern stuhlen wir im Halbkreis, was sehr viel Platz bietet, um bestimmte theologische Themen in der Mitte veranschaulichen zu können (Abb. 87). Es können auch Tanzgottesdienste gefeiert werden oder grosse Meditationsgottesdienste, wo alles in der Mitte frei ist. Regelmässig feiern wir auch interreligiöse Gebete (Abb. 88), wobei der Raum durch seine Kargheit die Chance bietet, dass sich darin auch Muslime wohlfühlen.
JS: Wie reagieren die Gottesdienstbesucherinnen und -besucher darauf, dass sie immer wieder neue Konstellationen vorfinden? Machen sie mit, oder gibt es auch welche, die sagen, sie möchten sich nicht immer auf etwas Neues einstellen müssen?

Abb. 83: Kradolf, Reformiertes Kirchenzentrum, 1975, Benedikt Huber

MW: Die letzteren gibt es auch, aber wer etwas Konventionelleres will, geht in die nahe gelegene Nachbarskirche, mit der wir eng zusammenarbeiten.

JS: Frau Drüner, welche Nutzungen sind in Kradolf möglich? Welche Potenziale hat Ihre Kirche?

ID: Wir haben im Kirchenraum Stühle, die miteinander verbunden und recht schwer sind. Man kann also schlecht umbauen, weshalb die Stühle meistens die gleiche Ausrichtung haben (Abb. 84). Dass der Gottesdienstraum ursprünglich um 180 Grad anders orientiert war, weiss ich erst seit Kurzem und lässt mich nachdenken. Die jetzige Orientierung hat den Vorteil, dass man dank der zwei Stufen besser sieht, was vorne stattfindet, sei es die Feier des Gottesdienstes, ein Konzert oder eine Theateraufführung. Direkt neben dem Gottesdienstraum, lediglich durch eine Schiebetüre abgetrennt, befindet sich der Saal. Nach dem Gottesdienst öffnen wir die Schiebetüre, und die Leute können direkt zum Kirchenkaffee kommen (Abb. 85). Speziell geeignet ist das Zentrum auch für Kinderprojekte, weil es viele Möglichkeiten bietet, auch in kleineren Gruppen etwas zu machen. Im Keller gibt es Räume für die Jungschar. Die grosse Glasfront zwischen dem Vestibül und dem Innenhof bespielen wir in der Adventszeit als Adventsfenster. Der Kulturverein nutzt die Kirche regelmässig, so kommt auch das Dorf in die Kirche. Es gibt im Haus Mütter- und Väterberatung, Krabbelgruppen und Kinderspielgruppen.

Abb. 84: Kradolf, Reformiertes Kirchenzentrum, 1975, Benedikt Huber.
Gottesdienstraum, Blick Richtung Abendmahlstisch

JS: Warum hat man in den 1990er-Jahren den Gottesdienstraum anders orientiert? Mir scheint, die Idee des Architekten war, alle Räume des Zentrums auf eine gemeinsame Mitte auszurichten.

UW: Niemand kann genau sagen, warum man das gemacht hat. Vielleicht wollte man vermeiden, dass jeder sehen konnte, wenn jemand zu spät zum Gottesdienst kam oder früher ging. Oder man wollte die Fläche vor der Rückwand nutzen.

JS: Könnte es auch damit zusammenhängen, dass man in den 1990er-Jahren dem Raum eine stärkere sakrale Atmosphäre geben wollte durch die Ausrichtung auf ein Fenster, das man dann auch als Glasfenster gestaltete? Doch schauen wir noch nach Schaffhausen. Wo sehen Sie, Pascal Eng, die Potenziale der Kirche St. Konrad?

PE: In Schaffhausen gibt es noch recht viele traditionelle Gottesdienste, bei denen die Stühle klassisch auf den Altar ausgerichtet sind, sodass man von verschiedenen Ebenen aus einen Blick auf das Geschehen hat (Abb. 80). Bei Familiengottesdiensten werden in der Mitte des Raums die Stühle entfernt, sodass die Kinder und Jugendlichen auf dem Boden sitzen können. Im liturgischen Bereich kommen Podeste zum Einsatz, wenn man den Altar und den Ambo etwas höher stellen oder in dem Bereich eine Art Bühne schaffen möchte. Der Altar besteht aus drei Teilen, sodass er, je nach verfügbarem Platz, in der Grösse variiert werden kann. Hinter dem Altar gibt es, als Andeutung eines Chors, eine relativ niedrige Nische. Je nach Nutzung des Raums kann diese durch einen Vorhang abgetrennt

Abb. 85: Kradolf, Reformiertes Kirchenzentrum, 1975, Benedikt Huber.
Gottesdienstraum, Blick Richtung Gemeindesaal bei geöffneter Schiebewand

werden. Dies hat beim Krippenspiel an Weihnachten Tradition, wo sich der Vorhang erst in der Mitte der Feier öffnet und den Blick freigibt auf den schön geschmückten Weihnachtsbaum. So kann man ein bisschen inszenieren.

Die Kirche St. Konrad ist ein wunderbarer Arbeitsort, doch provoziert sie auch. Sie gefällt nicht allen. Von den hier ebenfalls feiernden anderssprachigen Gemeinden wird die Kirche manchmal nicht als «vollwertiger» Liturgieort wahrgenommen. Es gibt auch einige Gemeindemitglieder, die die Kirche meiden, weil es für sie kein wahrer Ort des Gebets ist. Es gibt aber auch viele, die sich im «Koni» heimisch fühlen, auch ich selber fühle mich hier sehr wohl. Immerhin hat es innerhalb der Kirche noch eine Kapelle. Sie liegt unterhalb der Empore, die der Architekt Walter Maria Förderer als Weinberg bezeichnet hat. Die Kapelle wird ausschliesslich für Gottesdienste genutzt (Abb. 82). In ihr befindet sich auch der Tabernakel, zu dem es zwar auch vom Kirchenraum aus einen Zugang gibt, der jedoch dort weniger sichtbar ist als in der Kapelle. Wer ausschliesslich das Sakrale sucht, geht in die Kapelle. Der grosse Kirchenraum hingegen ist ein Mehrzweckraum, in dem auch gegessen wird oder Theateraufführungen stattfinden (Abb. 81). Die bereits erwähnten Fenster in der Wand über der Chornische geben dieser Wand den Charakter einer Hausmauer. Sie schaffen die Illusion, als würden um den Gottesdienstraum herum Häuser stehen, als würde der Gottesdienst auf einem Marktplatz stattfinden, auf dem Marktplatz des Lebens. Glücklicherweise ist die

Abb. 86 St. Gallen, Ökumenische Kirche Halden, 1986, Roberto Montanarini

Kirche aber eine von vielen in der Stadt Schaffhausen – so kann theoretisch jede und jeder einen Ort finden für seine geistliche Beheimatung.

JS: Gibt es Dinge, die die modernen Kirchen, in denen Sie arbeiten, nicht zulassen? Das bestimmt ja dann auch das Gemeindeleben.

ID, UB: Bei uns in Kradolf finden kaum kirchliche Trauungen statt, was durchaus auch mit dem Bau zusammenhängen könnte. Das Zentrum ist bestimmt keine klassische Hochzeitskirche. Es fehlt der Mittelgang für den Einzug. Die Kirche ist modern, und die Paare möchten es heute eher klassisch haben.

MW: Auch die Kirche Halden ist nicht die Kirche der ersten Wahl für Hochzeiten, obwohl wir mit den Stühlen einen Mittelgang machen könnten! Die Kirche wurde nach den Bedürfnissen der Menschen vor Ort gebaut und gestaltet. Diese verändern sich natürlich. Die Gemeindemitglieder werden grauhaariger. Doch erleben wir, dass viele der Kinder der ersten Generation jetzt wiederkommen. Der Raum lässt sehr vieles zu. Ohne Probleme könnte man darin auch eine klassische Messfeier feiern. Was er aber nicht bieten kann, ist der Schmuck, der in einer traditionellen Kirche wesentlich zu der Atmosphäre beiträgt, die sich viele Hochzeitspaare für den besonderen Anlass wünschen.

PE: Im «Koni» in Schaffhausen ist sehr viel möglich. Auch die Akustik ist für Konzerte hervorragend. Eine Grenze setzt der Raum in der Benutzung von Weihrauch. Einerseits wegen des Teppichs (Brandgefahr), andererseits wegen der in der Nähe des liturgischen Bereichs befindlichen Sängerempore (Rauch). Die Gottes-

Abb. 87: St. Gallen, Ökumenische Kirche Halden, 1986, Roberto Montanarini. Familientag

dienstbesucherinnen und -besucher wissen dies und erwarten in dieser Kirche deshalb auch keinen Weihrauch. In St. Konrad ein grosses Bischofsamt zu feiern, wäre aus diesem Grund schwierig.

Frage aus dem Publikum: Haben Sie auch Erfahrungen mit anderen Kirchen? Und wie unterscheiden sich diese von den Erfahrungen in den Kirchen, in denen Sie jetzt arbeiten?

ID: Ich war vorher schon in einer modernen Kirche, was es mir leichter machte, wieder in eine moderne Kirche zu wechseln. An beiden Orten schätzte und schätze ich die Flexibilität, die die modernen Kirchen bieten.

PE: Ich arbeitete vorher in Frauenfeld, in einer traditionelleren, aber ebenfalls sehr schönen Kirche. Gewisse Dinge, die ich hier in Schaffhausen realisieren kann, waren dort nicht möglich. Auch wenn man sich den Arbeitsort oft nicht selber aussuchen kann, scheint es mir wichtig, dass man versucht, das Potenzial der jeweiligen Kirche zu nutzen. Ein Vorgänger von mir hatte mit dem Betonbau von St. Konrad Mühe, was dazu führte, dass er vorwiegend andere Kirchen bespielte und hier nur noch das Nötigste machte. Das ist problematisch. Es sollten Personen vor Ort sein, die mit der Architektur der jeweiligen Kirche auch etwas anfangen können.

MW: Ich feiere an Wochenenden vier Gottesdienste in drei verschiedenen Kirchen. In jeder Kirche ist vieles möglich, aber ich glaube, wir müssen nicht in jeder Kirche alles anbieten. Das ist der Vorteil einer Stadtgemeinde. Auch wenn wir in der Kirche Halden beispielsweise eine schön intonierte Barockorgel haben, müs-

Abb. 88: St. Gallen, Ökumenische Kirche Halden, 1986, Roberto Montanarini. Interreligiöses Gebet

sen wir hier keine Orgelkonzerte veranstalten. Dafür gehen die Leute in die Kathedrale oder in die Kirche St. Maria Neudorf mit der grössten Orgel im Bodenseeraum. Wir konzentrieren uns auf bestimmte Arten und Formen, um Gottesdienste und Gemeindeleben zu feiern.

Anmerkung aus dem Publikum: Ich habe keine Frage, sondern möchte als für die Kirche von Kradolf zuständige Denkmalpflegerin des Kantons Thurgau erwähnen, dass diese Kirche seit 2005 unter Schutz steht. Davor war die Kirche nur im kantonalen Hinweisinventar aufgeführt, was bedeutet, dass sie als nicht wertvoll eingestuft wurde. Die Initiative für die Unterschutzstellung ging in diesem Fall von der Kirchgemeinde aus. Die Kirchgemeinde wollte, dass das Kirchgemeindezentrum in das Inventar schützenswerter Bauten aufgenommen wird, und dies nicht nur, weil sie sich Beiträge für Sanierungen erhoffte. Die Denkmalpflege hat diese Initiative gerne unterstützt. Mich freut es, dass die Nutzerinnen und Nutzer die Kirche von Kradolf von sich aus als etwas Wertvolles und Besonderes betrachten und dass sie sich darin wohlfühlen.

JS: Diese Erfahrung teile ich als Beobachter der modernen Kirchenlandschaft. Viele Gemeinden sind stolz auf ihre Bauten. Die Generationen, die diese Bauten geplant und errichtet haben, leben ja zum Teil noch. Und zum Teil geht die Verbundenheit auch auf die Kinder über. Es ist also gar nicht so, dass diese Kirchen nur verabscheut werden. Allfällige Kritik kommt am ehesten aus Kreisen, die nicht kirchlich sozialisiert sind. Die Kirchgemeinden selber haben oft eine starke emotionale Beziehung zu ihren Kirchen, auch zu den modernen Kirchen. Haben Sie, Pascal Eng, das Gefühl, dass die moderne Kirche, in der Sie arbeiten, das Leben der Kirchgemeinde oder Pfarrei in der einen oder anderen Weise geprägt hat und immer noch prägt? Trägt die Architektur zur Profilierung der Gemeinde bei?

PE: Ja, auf jeden Fall! Das «Koni» hat sich innerhalb des Pastoralraums Schaffhausen-Reiat, der die Stadt Schaffhausen und den Ostteil des Kantons umfasst, zu einer Pfarrei entwickelt, wo der Gemeinschaftssinn besonders ausgeprägt ist. Nur schon der Ausdruck «unser Koni» deutet darauf hin. Bei Zusammenkünften (Mitarbeiteressen, Kirchgemeindeversammlungen, Kirchenfeste für Kinder und vielem mehr) wird die Kirche St. Konrad bevorzugt, weil das Gebäude – auch in Kombination mit der Kapelle – eine vielfältige und interessante Nutzung zulässt. Die regelmässigen Gottesdienstbesucherinnen und -besucher des «Koni» haben eine hohe Identifikation mit ihrer Kirche. Sie schätzen das Verspielte und Gemeinschaftsstiftende mehr als das Prächtige und teils Anonyme in anderen «traditionellen» Kirchen.

JS: Die modernen Kirchen und insbesondere die Kirchgemeindezentren mögen nicht allen Personen gleich gut gefallen. Aus Ihren Erzählungen und Erfahrungsberichten, Uwe Buschmaas, Irmelin Drüner, Pascal Eng und Matthias Wenk, höre ich jedoch heraus, dass Sie die modernen Kirchen, die Ihre Arbeitsorte sind, nicht als Hypothek, sondern primär als Orte mit einem riesigen Potenzial erleben. Ich danke Ihnen für das Gespräch.

Autorinnen und Autoren

Uwe Buschmaas, Theologe, geb. 1965, Pfarrer der Evangelischen Kirchgemeinde Sulgen-Kradolf, Pfarramt Kradolf.

Irmelin Drüner, Theologin, geb. 1969, Pfarrerin der Evangelischen Kirchgemeinde Sulgen-Kradolf, Pfarramt Kradolf, und Seelsorgerin in der Rehaklinik Zihlschlacht.

Pascal Eng, Theologe, geb. 1987, Pfarrer der Römisch-katholischen Pfarrei St. Martin Zuchwil, davor Vikar in der Pfarrei St. Konrad in Schaffhausen.

Urban Fink, Dr. theol. und lic. phil., Theologe und Historiker, geb. 1961, Geschäftsführer des katholischen Hilfswerks Inländische Mission.

Bernhard Furrer, Prof. Dr., Architekt, geb. 1943, e. Denkmalpfleger der Stadt Bern, Präsident der Eidgenössischen Kommission für Denkmalpflege 1997–2008.

Anke Köth, Dr.-Ing., M.A., Architekturhistorikerin, geb. 1975, Stv. Kantonale Denkmalpflegerin Kanton Zug.

Katrin Kusmierz, Dr. theol., Theologin, geb. 1972, Wissenschaftliche Geschäftsführerin des Kompetenzzentrums Liturgik an der Theologischen Fakultät der Universität Bern.

Michael Meyer, Prof. Dr., Musikwissenschaftler, geb. 1986, Professor für Musikwissenschaft an der Staatlichen Hochschule für Musik Trossingen.

Johannes Stückelberger, Prof. Dr., Kunsthistoriker, geb. 1958, Dozent für Religions- und Kirchenästhetik an der Theologischen Fakultät der Universität Bern und Titularprofessor für Neuere Kunstgeschichte an der Universität Basel.

Matthias Walter, Dr. sc. ETH, Architekturhistoriker und Glockenexperte, geb. 1978, wissenschaftlicher Mitarbeiter bei der Denkmalpflege des Kantons Bern.

Matthias Wenk, Theologe, geb. 1976, Pfarreibeauftragter und Seelsorger der Ökumenischen Gemeinde Halden, St. Gallen.

Abbildungsnachweise

Die Ziffern beziehen sich auf die Abbildungsnummern.

Alfred Englert: 36
Architekturbüro 10:8: 52
Archiv Evangelisch-reformierte Kirche Basel-Stadt: 37, 39
Archiv Orgelbau Goll Luzern: 56
Archiv Orgelbau Kuhn AG, Männedorf: 50, 53, 54
Archiv Reformierte Kirchgemeinde Oberwil-Therwil-Ettingen: 14
Archiv Reformierte Kirchgemeinde Riehen-Bettingen, Gerd Pinsker: 18, 51
Ars Sacra. Schweizerisches Jahrbuch für kirchliche Kunst 1952–1953, Zürich: NZN Buchverlag, 1953, 49: 22
Justus Dahinden, Stuttgart/Zürich: Karl Krämer Verlag, 1987, 206: 17
Benediktinerkollegium Sarnen, P. Beda Szukics: 28
Bernhard Furrer: 25, 68, 69, 73, 77, 78, 79
Benedikt Huber: 37
Bistum St. Gallen, Paul Joos: 32
Daniel Schmid, Projektleiter «KunstKlangKirche»: 74
Evangelische Kirchgemeinde Sulgen-Kradolf, Uwe Buschmaas: 83
Ferdinand Gehr. Eine Monographie (Sakrale Kunst, Bd. 4), hg. von der Schweizerischen St. Lukasgesellschaft, Zürich: NZN Buchverlag, 1959, Abb. 44: 23
Ferdinand Gehr. Die öffentlichen Aufträge, hg. von Dorothee Messmer und Katja Herlach (Ausst.-Kat. Kunstmuseum Olten), Kunstmuseum Olten und Verlag Scheidegger & Spiess AG, Zürich, 2016, 94: 24
Fritz Metzger: 26
Georges Cabrera, Tribune de Genève: 70
gta-Archiv ETH Zürich/Denkmalpflege Basel-Stadt: 75
Hannes Henz: 10, 11
Hermann Baur. Architektur und Planung in Zeiten des Umbruchs, Ausst.-Kat. Basel (Architekturmuseum), 1994, 143: 15
Johannes Stückelberger: 3, 13, 16, 20, 29, 31, 84, 85
Kantonale Denkmalpflege Aargau, Heiko Dobler: 1
Kantonale Denkmalpflege Aargau, Muriel Pérez: 2
Kantonale Denkmalpflege Aargau, Anke Köth: 8, 9
Katholische Kirchenpflege Bülach/Embrach (Hg.), *Kirchenzentrum St. Petrus Embrach*, Embrach 1980, s.p.: 58
Katholische Pfarrei St. Petrus Embrachertal: 64, 65
Kirchenbote für den Kanton Zürich, 16. Oktober 1967, 6: 35
Kunst und Kirche, 3, 1972, 40–41: 7
Manuel Pauli: 30
Mark Niedermann Photography: 76
Matthias Walter: 40, 41, 42, 43, 45, 46, 47, 48
Ökumenische Gemeinde Halden, St. Gallen, Matthias Wenk: 86, 87, 88

Office du patrimoine et des sites, Genève: **66, 67**
Pastoralraum Schaffhausen-Reiat: **80, 81, 82**
Postkarte: **4, 6, 27**
Sammlung gzp Architekten AG, Luzern: **72**
Sr. Augustina Flüeler, *Das sakrale Gewand,* (Sakrale Kunst, Bd. 8), hg. von der Schweizerischen St. Lukasgesellschaft, Zürich: NZN Buchverlag, 1964, 76: **21**
Tom Bisig: **34**
Unbekannt: **49**
Von Charly Bernasconi – Eigenes Werk, CC BY-SA 3.0, https://de.m.wikipedia.org/wiki/Datei:Maria_Kr%C3%B6nung_Z%C3%BCrich_Orgel.jpg: **57**
Von Charly Bernasconi – Eigenes Werk, CC BY-SA 3.0, https://commons.wikimedia.org/w/index.php?curid=27434033: **60**
Von Charly Bernasconi – Eigenes Werk, CC BY-SA 4.0, https://commons.wikimedia.org/wiki/File:Bern_Heiligkreuz_Altarbezirk.jpg: **71**
Von Konzept von Karl Higi – Foto der Pfarrei Heilig Geist Höngg, CC BY-SA 3.0 ch, https://commons.wikimedia.org/w/index.php?curid=30245266: **19**
Von Michael D. Schmid – Eigenes Werk, CC BY-SA 4.0, https://de.wikipedia.org/wiki/Datei:Neue_Kirche_Wollishofen_04.JPG: **55**
Von Roland Zumbuehl – Eigenes Werk, CC BY-SA 3.0, https://de.m.wikipedia.org/wiki/Datei:Lyss-Kath-Kirche.jpg: **44**
Walter Hollenstein: **59, 61, 62, 63**
Werk, 46, 1959, Heft 8, 285: **38**
Wolfgang Jean Stock (Hg.), *Europäischer Kirchenbau 1950–2000,* München: Prestel, 2002, 181: **12**
www.bruetscharchitekt.ch: **5**
Yves André: **33**